ROBINSON DES MERS

YVES PARLIER
Avec la collaboration de Rémy Fière

ROBINSON DES MERS

ROBERT LAFFONT

ISBN 2-221-09526-X

à Éric,
à Gérard

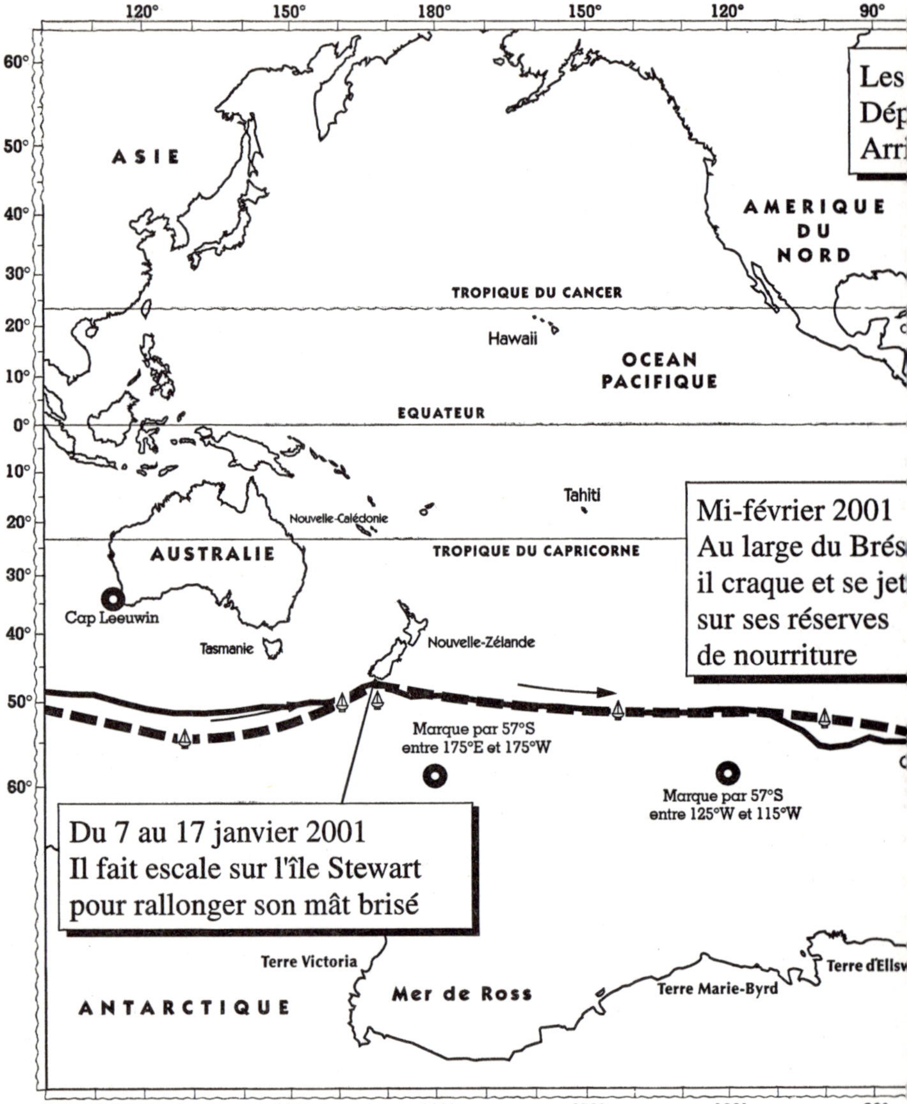

120°
150°
180°
150°
120°
90°
60°
50°
40°
30°
20°
10°
0°
10°
20°
30°
40°
50°
60°
Les
Dép
Arri
ASIE
AMERIQUE
DU
NORD
TROPIQUE DU CANCER
Hawaii
OCEAN
PACIFIQUE
EQUATEUR
Tahiti
Nouvelle-Calédonie
AUSTRALIE
TROPIQUE DU CAPRICORNE
Mi-février 2001
Au large du Brés
il craque et se jet
sur ses réserves
de nourriture
Cap Leeuwin
Tasmanie
Nouvelle-Zélande
Marque par 57°S
entre 175°E et 175°W
Marque par 57°S
entre 125°W et 115°W
Du 7 au 17 janvier 2001
Il fait escale sur l'île Stewart
pour rallonger son mât brisé
Terre Victoria
Mer de Ross
Terre Marie-Byrd
ANTARCTIQUE
120°
150°
180°
150°
120°
90°

d'Olonne
novembre 2000
6 mars 2001
10 décembre 2000
Yves est en tête depuis
le départ du Vendée-Globe
17 décembre
Il casse son mât
alors qu'il tente
de revenir en tête
EUROPE
ASIE
AFRIQUE
OCEAN
INDIEN
OCEAN
ANTIQUE
ERIQUE
DU
SUD
ANTARCTIQUE
Açores
Iles Canaries
Iles du Cap Vert
Sainte-Hélène
Madagascar
Tristan da Cunha
Cap de Bonne-Espérance
Gough
Iles Crozet
Iles Kerguelen
Marque par 50°S
entre 85°E et 95°E
Ile Heard
Bouvetoya
Iles Sandwich du Sud
par 57°S
W et 62°W
Terre de la Reine-Maud
Terre de Coats
Mer de Weddell
Terre Eirth-Ronne
60°
30°
0°
30°
60°
90°

Tomber du ciel

Il y a, ce jour-là, le bleu du ciel pour me rappeler la mer, l'altitude pour m'aérer l'esprit, un courant tiède pour me donner envie de voler. Saint-Véran se dresse sous le soleil. Le village le plus élevé d'Europe, annoncent les prospectus, là où l'été, en famille, je regarde filer les ombres sur les cadrans solaires des maisons de pierre et de bois. En plein Queyras, cette vallée isolée des Hautes-Alpes sur laquelle la montagne se referme autour des hommes comme pour les préserver des méfaits de la civilisation.

J'ai toujours respecté et aimé la montagne : le contact physique de mes pieds sur les pierres sèches, le plaisir charnel de mes doigts sur les rochers que j'escalade. Rien ne me retient ici de partir au matin. Un sac, une corde, quelques mousquetons. Marcher, grimper, regarder.

J'ai toujours eu au plus profond de moi le besoin de ce contact avec la nature. Et avec ses éléments. La terre, la mer, l'air. La première parce qu'elle est à la source de la création et le berceau des progrès de l'humanité, la deuxième parce que j'ai décidé de lui consacrer ma vie, le troisième parce qu'il fait avancer mon bateau, voler les oiseaux et rêver les hommes. Admirable trilogie : la mer, la montagne et le vent qui toujours passe derrière pour effacer mes traces. Balayant l'empreinte de mes skis de randonnée sur la neige, gommant avec les vagues et l'écume le sillage de mes navires. Nature qui dicte ses lois, nature qui appartient à tout le monde et à personne.

J'avais envie d'être seul ce jour-là. Planer, regarder le monde d'en haut, sentir les souffles chauds qui nous font remonter, tenter de parcourir le plus de distance possible en jouant avec l'air, invisible et magique.

Cet après-midi, et je m'en réjouis, je vais voler avec ma nouvelle aile ; je l'ai déjà essayée au-dessus de la dune du Pyla qui garde l'entrée du bassin d'Arcachon. J'en ai alors retiré une fabuleuse sensation de liberté.

Le parapente est un sport que j'ai appris en autodidacte, en lisant des bouquins, en me souvenant qu'il y a quelques années j'ai passé mon brevet de pilote de deltaplane, en écoutant mes copains guides de montagne. Et je découvrais chaque fois une autre façon de naviguer, dans une autre dimension.

Me voilà en haut, prêt à décoller, au-dessus de la maison familiale. En montant, j'ai regardé mon nouvel anémomètre. Perçu les rafales. Constaté qu'elles ont dépassé sans sourciller les 52 km/h. C'est la première fois que j'utilise l'instrument : je manque de références en matière de vol, je jette un œil au-dessous de moi, je me laisse bercer ou, plutôt, tromper par l'illusion. Ciel clair et lumineux, soleil qui chauffe les plantes et les fleurs, herbe verte que j'aperçois en contrebas. J'étale mon aile, me harnache, le vent soulève le tissu léger et coloré, je cours, l'air m'emporte, je prends de la vitesse et commence à descendre doucement, j'aimerais tant faire le tour de la vallée. Un bonheur tout simple, une plénitude à portée de ciel. Se sentir ailleurs. Et puis, soudain, une sensation désagréable, une accélération de l'histoire. Je suis secoué, je perds une trentaine de mètres de dénivelé avant de rencontrer un thermique, un de ces courants chauds qui se sauvent vers le haut comme s'ils voulaient s'échapper vers la stratosphère. Je suis happé, brassé par la langue de vent qui me fait grimper trop vite. Plutôt que d'essayer de « faire les oreilles » en tirant sur mes suspentes pour fermer les extrémités de ma voile, je monte, je monte. Mais jusqu'où ?

Vers le plafond, là où le thermique rencontre les premiers vents d'altitude, c'est, mais je l'apprendrai plus tard, ce qu'on appelle le phénomène de « cloutage », comme si mon aile entrait en force dans le violent souffle de nord-ouest. Comme si elle se rabattait soudain, du moins le côté droit, tandis que le gauche bascule et passe devant mes yeux à toute vitesse. C'est le début d'une spirale terrible qui m'entraîne vers un enfer que je ne parviens pas encore à imaginer.

J'aurais dû, mais je l'ignorais, tirer au maximum sur mes freins pour que l'aile décroche. J'aurais de toute façon été assez haut pour qu'elle se regonfle ensuite. Mais je ne contrôle plus rien. À quelle altitude suis-je ? Deux cents, trois cents mètres ? Je ne sais pas. L'angoisse m'étreint un instant, mais, maintenant que je suis stabilisé dans le mouvement tournant, une lucidité absurde m'envahit. Je ne baisse pas les yeux vers le sol, car je ne conçois même pas qu'il se rapproche trop vite, comme s'il voulait m'engloutir, m'étouffer, me détruire.

Pris dans le tourbillon rapide et désespérant, je ne regarde que vers le haut, tentant de récupérer ma voile, sans me rendre compte que je suis en train de me crasher. Pendant combien de temps ? Impossible de répondre. Tout autour, ma vision se trouble, l'horizon défile en tournant, flou comme un mauvais film. Un trou noir, puis le réveil, bien plus tard sur un lit d'hôpital. Brisé, cassé. Pas de souvenirs, ni peur ni terreur rétrospectives. Juste sauvé par quelqu'un qui m'a vu tomber ; un agriculteur du village, qui fauchait son champ, a prévenu les secours. C'était le 18 juillet 1998. Un mois avant, mon ami Éric Tabarly avait disparu en mer. Je comprendrai bien plus tard, en songeant à cette infime distance qui sépare l'être humain de la vie et de la mort, que ma bonne étoile est somme toute mieux accrochée que les suspentes d'une aile de parapente. Jamais pourtant je ne ferai de cauchemar de cet accident, à la fois persuadé que ce n'était pas mon heure, mais convaincu en même temps que la chance ne dure pas éternellement.

Deux ans plus tard, je prends le départ du Vendée Globe, le tour du monde à la voile, en solitaire, sans escale et sans assistance. Partiellement remis de mes blessures, boitant moins bas qu'hier, mais n'ayant pas complètement récupéré des dommages neurologiques causés par l'ostéosynthèse du bassin que j'ai dû subir, n'ayant toujours aucune sensation sous mon pied droit. À cause d'un atterrissage trop brutal dans un champ d'été.

1

Le mal en patience

Pourquoi ai-je toujours apprécié cette atmosphère de fièvre douce qui monte en brume lente autour de la marina de Port-Olona ? Sans doute à cause du désir féroce, vital, devrais-je dire, de larguer enfin les amarres, de quitter le port. Celui des Sables-d'Olonne ; à cause de l'excitation de mon équipe, au fur et à mesure que se rapproche l'heure du départ ; à cause de la procession des visiteurs sur le ponton qui s'enfonce sous le poids conjugué de leurs pas. En les voyant progresser lentement sur la longue passerelle de bois flottant, je retrouve pour la troisième fois ce souffle avant-coureur d'exaltation, en même temps que cette amicale proximité partagée jusqu'aux derniers instants. Il y a ceux qui passent sans rien dire, ceux qui s'enhardissent et me saluent, ou me posent des questions si techniques, et puis les enfants des écoles vendéennes, tellement nombreux, tellement demandeurs d'un sourire, d'un clin d'œil, le cahier et le stylo à la main : « M'sieu, m'sieu, un autographe », ou munis d'une feuille de papier à dessin, langue tirée, en tailleur dès le matin devant mon monocoque. J'aimerais satisfaire chacun, répondre, discuter, mais le temps presse, malgré tout.

Dimanche, à 13 h 1, nous serons vingt-quatre à partir pour tourner autour du globe. Vingt-quatre marins, seuls à bord de leurs puissantes machines à fendre les vagues, vingt-deux hommes, deux femmes qui viennent de consacrer quatre ans de leur vie à préparer cette course hors norme, cet « Everest de la voile ». Et qui n'attendent plus qu'une chose : le coup de canon libérateur.

Pour l'instant bruit comme une forme d'émulation avant l'heure, tandis que se regardent, se jaugent les marins, et que chacun tente de décortiquer discrètement le bateau de l'autre. Je revois avec bonheur deux anciens équipiers, deux amis. Ellen MacArthur, la jeune Anglaise avec qui j'ai fait équipe pour la transat Jacques Vabre 1999 et qui déjà ne pensait qu'au Vendée Globe. Et Thomas Coville, à qui j'ai prêté *Aquitaine Innovations* après mon accident de parapente pour qu'il dispute avec succès la Route du Rhum 1998. Tous deux, à leur manière, à leur façon de me soutenir, ont participé à mon retour en compétition.

Je perçois aussi la confiance que certains laissent échapper lors de nos rencontres d'avant départ. Chez Michel Desjoyeaux, que le monde de la mer n'appelle que « Mich' Desj » ; chez Roland Jourdain, dont le surnom sympathique de « Bilou » pose son homme ; chez Marc Thiercelin, Mike Golding, Dominique Wavre ou Thierry Dubois, autres candidats potentiels à la victoire. De mon côté, je me sens bien. Le bateau n'a jamais été aussi bien préparé, même si j'ai été contraint à quelques pénibles modifications de dernière minute. Changer le mât après mes ennuis dans l'Europe 1 Star 2000, travailler le taux de redressabilité au cas où. Au cas où, après un chavirage comme il y en eut trop lors du dernier Vendée Globe, le bateau pourrait se remettre debout sans se tenir désespérément la quille en l'air. Mais j'oublie volontairement ces ultimes désagréments. Je suis tellement heureux dans ces heures qui précèdent la grande bagarre, souriant, volubile même, disent ceux qui me retrouvent. Moins intériorisé que lors des deux précédentes éditions. Comme si les Vendée Globe auxquels j'ai déjà participé m'aidaient à être plus à l'aise, plus serein, plus ouvert face aux hommes et face aux océans qu'il va nous falloir traverser. Je frémis de savoir qu'il ne me reste que quelques heures avant de saluer la terre ferme, avant de dire au revoir à ceux qui demeurent au port, spectateurs à distance de notre grande épopée.

Forte impression. Je suis là, sur le ponton, prêt à partir, comme jamais. Pour un tour du monde que j'ai envie de vivre, de revivre plutôt, plus à fond encore que les précédents. Parce que, chaque fois, l'aventure m'a paru un peu différente, parce que, chaque fois, je suis aussi un peu différent. Je voudrais le vivre plus intensément que lors de mes deux premières participations, me retrouver encore seul au milieu de l'eau pour d'un simple regard entrer dans cette dimension spatiale qui me fascine. Sentir que je suis sur la Terre, qui se déplace dans l'espace en gravitant autour du Soleil, avec la Lune, cet autre satellite qui semble parfois veiller au-dessus du marin. Et puis moi, nous, vous, qui nous déplaçons aussi. Pourquoi ai-je toujours été subjugué par ces mouvements, par cette cosmogonie que j'ai du mal à intégrer dans ma vie quotidienne mais que j'arrive à humer intensément en pleine mer ? Sur l'eau, je suis sans cesse à la poursuite d'un équilibre, d'un autre rythme que celui des terriens. Parfois, j'en reviens à mes quinze ans, à ma première expérience de skipper.

J'étais parti en stage, quinze jours, comme aide-moniteur sur dériveur aux Jeunesses nautiques de France et mes parents avaient eu la gentillesse de m'offrir quinze jours de plus, pour un apprentissage de croisière côtière. Le rêve. Très vite, j'avais compris que naviguer était plus qu'une source de joie, un besoin presque animal. J'avais saisi que la voile devait être ma vie. Ainsi, le dernier soir, alors que nous devions quitter l'île aux Moines, que le directeur du camp transportait le matériel par la terre, je devais, seul, ramener les bateaux par la mer. J'ai pris en main le convoi de dériveurs, il y en avait sept. Et je suis parti, traînant péniblement, avec les neuf chevaux du petit moteur de mon zodiac, la farandole de Mowgli dont j'avais la charge et qui dansaient sur les vagues en me suivant. Après avoir fait le tour de la presqu'île, pourquoi n'ai-je pas revu le directeur qui avait promis de venir me récupérer ? Je ne sais pas. Toujours est-il qu'à la nuit tombée, sur une plage d'Arzon, un spi me sert de duvet, et que je dors comme un ange. Ce n'est que le lendemain, en cherchant les autres, affamé, dans le village, que je parvins à les joindre. Ce sens de la débrouille, ajouté à mes compétences de jeune adolescent, dut sans doute plaire à mes supérieurs : je devais attaquer le jour même mon stage de croisière quand se posa un problème sérieux. L'école manquait de chef de bord, je savais faire marcher un bateau, j'avais mis en branle Optimist et Mowgli, on me nomma donc responsable d'un des deux Muscadet. À bord, trois stagiaires aussi âgés que moi, et une quatrième qui portait bien ses dix-huit ans. Je me souviens de la carte postale envoyée alors à mes parents. Ces quelques mots, incroyables à leurs yeux : « Je suis skipper. » Ma mère et mon père avaient fait les Glénan, une école où l'on ne devient chef de bord qu'après plusieurs années de pratique. Je me souviens aussi que j'étais alors un personnage odieux. Ne cédant la barre à aucun de mes élèves, leur laissant à peine le temps de se reposer à terre pour repartir aussitôt.

Repartir. Un verbe d'action. Un verbe pour l'homme qui rentre après tant de temps sur l'océan, un verbe pour l'homme qui ne veut pas oublier le bonheur de naviguer une fois le pied posé sur la terre ferme. Repartir, pour retrouver un rythme, une magie.

J'y vois une forme de recherche intérieure qui permet de me situer, de comprendre et de savoir comment tout cela bouge, comment tout cela s'articule : le mouvement des vents, la vitesse des vagues, la forme d'un nuage ou la force d'un courant, la position des astres, les six milliards de gens qui pourtant me ressemblent. Je recherche constamment cette forme de recul face à une vie trop normale, face à des existences en ligne droite : on ne peut pas ressentir la même chose avec un portable dans la poche, deux factures à payer, tous les ennuis du quotidien, et la pizza que nous livre un jeune homme à mobylette. Là, pendant cent jours, moins peut-être, je n'aurai qu'une seule chose en tête : faire avancer mon bateau. En osmose avec l'univers liquide et les vents qui m'entourent. Plaisir égoïste peut-être, quête insensée, penseront certains. Oui, mais pas seulement.

Nous sommes maintenant dimanche soir, les enfants dorment dans la chambre claire, j'ai modérément dîné. Pas vraiment faim. Je repense à cette journée trop collante, à l'heure qui est passée sans que rien ne bouge, hormis les branches des arbres vacillant sous un vent vraiment fort. 13 h 1 ce dimanche, et rien. Personne sur l'eau, personne sur la promenade. La veille, la décision a été collective. Une forte tempête menace le golfe de Gascogne dans les jours qui viennent. La sortie de la baie promet d'être chaude et mouillée, la suite plus encore. Alors, au cours du dernier briefing des skippers avec les organisateurs, chacun a pris la parole après avoir entendu le responsable de la météo. Une grosse dépression qui se précise, et les visages qui s'allongent. Richard Tolkien, le navigateur anglais, pose soudain une question, j'en comprends les grandes lignes : « Est-ce raisonnable d'envoyer les bateaux dans la tempête ? » À leurs mines, je constate que la plupart des marins veulent retarder le coup de canon. On lance un référendum. Philippe Jeantot, le créateur de la course, me paraît un peu dépassé, flottant face à une position qui se veut commune. Va-t-on jouer le Vendée aux voix ? Je tombe des nues par rapport au règlement, à ce dysfonctionnement que je vois approcher. Je me sens si apte à décider moi-même, à mieux sentir si je dois partir.

Nous votons, je suis le troisième de la liste à donner mon avis, je réponds « oui » à la question. Derrière moi, Catherine Chabaud frise l'apoplexie, croit que j'ai mal interprété la demande. « Non, Catherine, j'ai bien compris ce qu'on me demande, moi, je veux partir dimanche. » Je suis le seul, trois autres marins s'abstiennent, les autres réclament un report. Le départ est repoussé au mardi. À la conférence de presse qui suivra, je me rallie au point de vue collectif, défends l'intérêt général. Pas envie de me faire remarquer, même si, à la question d'un journaliste de l'Agence France-Presse, je précise ma position. Solitaire sur l'eau, solitaire dans le vote. J'ai toujours prôné la liberté pour ceux qui veulent y aller, le droit pour chacun de mesurer les risques et de partir quand et comme il l'entend. Il aurait suffi d'ouvrir la ligne de départ dimanche, à l'heure prévue, et d'autoriser ceux qui le désirent à la franchir. Dommage. Certains voient dans cette décision collective la sagesse de sportifs qui ne veulent pas casser leur machine dès les premiers jours ; d'autres, comme Titouan Lamazou, regretteront ce parfum d'aventure humaine que l'on gomme petit à petit. Des mots durs seront prononcés, trop durs peut-être, et de toute façon mal interprétés. « Une course de gonzesses », dira le vainqueur du premier Vendée Globe. Bien sûr, je n'apprécie pas le côté misogyne, péjoratif et antiféministe de la position, bien sûr, la citation de Titouan est sortie de son contexte : il reprend une vieille phrase d'Olivier de Kersauson qui, avec humour, entendait féminiser les skippers de monocoque. Les médias en tout cas se font un plaisir de relayer la polémique pour tenir en haleine leurs auditoires jusqu'au départ reculé une première, puis une seconde fois.

Alors, cette nuit que j'imaginais en mer, en plein baston, je la passe dans la maison que nous avons louée à La Chaume. Face à la mer. Je ne sais que penser, je croyais avoir du mal à trouver le sommeil. Il n'en est rien : c'est, malgré tout, quelques jours de gagnés pour peaufiner les derniers détails. Pourtant, avant de fermer les yeux, trop de souvenirs m'assaillent, trop de perspectives se bousculent. Je fais le chemin à l'envers. Ce premier Vendée Globe, huit ans déjà, dont j'avais tiré d'agréables bénéfices, une quatrième place, un peu plus de confiance en moi, un bonheur intérieur que je n'aurais jamais pu envisager au moment de partir, une façon d'être mieux dans ma peau. Et ce deuxième tour du monde qui m'avait laissé sur ma faim, d'abord parce que je m'étais dit que je partirais prêt et que ce ne fut pas le cas, ensuite parce que j'avais cassé un de mes safrans dans le grand Sud. Et que contraint de réparer à Freemantle, et d'abandonner donc, j'étais reparti d'Australie pour boucler le tour, vite sans doute, mais hors course. Une défaite, à mes yeux. Ce soir, avant de sombrer, j'imagine, je suis même certain, que ce troisième épisode sera le bon.

Il s'agira bien d'aller le plus vite possible, car le Vendée, aventure personnelle dont le marin est friand, est aussi une compétition. Une compétition que j'ai envie de gagner, car nous parlons bien de sport. Cette édition-là est probablement celle qui a vu débarquer le plus de navigateurs préparés et de machines fiabilisées. Nous sommes plusieurs à espérer que le vent et les mers sauront nous offrir une régate de feu à l'échelle du globe, une course haletante, sans les tristes instants de la précédente, les chavirages en rafale, la disparition de Gerry Roufs, les abandons trop nombreux. Je sais déjà, ou je tente de m'en convaincre, qu'il y aura des moments où je devrai me faire violence, me persuader de lever le pied, des moments où je devrai m'obliger à ne pas prendre de risques, pour ne pas casser, et surtout pour revenir au port, premier devoir d'un homme de mer. La prudence n'est pas incompatible avec la victoire dans une course comme celle-ci. D'autant qu'a priori je ne repartirai plus jamais pour un tour de la planète en solitaire. Trop dur, trop long, trop de temps perdu à courir derrière l'argent, les sponsors, à régler les problèmes techniques. Alors, cette fois, si je m'aperçois que je ne suis plus au top en solitaire, si je ne reviens pas en vainqueur, où et comment irais-je ensuite puiser la motivation pour repartir ?

En attendant, je repense encore et toujours à cette barre mythique des cent jours. Combien de fois, depuis que mon beau bateau bleu est à quai, ai-je contemplé le tableau de marche de la course, de ma course ? Combien de fois ai-je réfléchi au calendrier journalier que je me suis préparé, et que je garde secret ? Si tout se passe comme je l'entends, je serai de retour aux Sables-d'Olonne le 11 février, après quatre-vingt-dix-neuf jours de mer. Si tout se passe comme je l'entends.

2

Hisser enfin les voiles

Un temps de demoiselle, sans aucun doute. La dépression est passée, qui creusait la mer et blanchissait la crête des vagues. Laissant juste une houle résiduelle ce matin du 9 novembre. Je me suis levé bien tôt. Pour me rendre au ponton, j'ai enfourché mon vélo, que je laisserai dans le container de l'équipe technique. Pédaler, vite. Le ciel est bas, l'air plus frais. Je n'en pouvais décidément plus de ronger mon frein. Ou mes amarres, c'est pareil. Le départ a en effet été reporté une seconde fois. Du mardi au jeudi. Cela commence à ressembler furieusement à ces croisières que l'on prépare avec des amis et qui ne démarrent jamais, parce que l'équipage a perdu confiance en lui et refuse de quitter le port tant que la météo n'annonce pas du vent portant. L'engrenage traditionnel voudrait que le bateau du groupe ne parte jamais. Ou si tard. Mais enfin.

Je suis déjà concentré, la foule des accrédités, familles, partenaires, équipes techniques, journalistes et photographes, se presse sur la passerelle flottante qui fait mine de s'enfoncer. Du bruit, du mouvement, mais je suis déjà ailleurs. Au loin, le long de la digue qui mène vers la sortie du port, j'entends bien les cris et les cornes de brume, mais comme dans un songe. Combien sont-ils à souffler leurs encouragements au passage des bateaux qui embouquent le long chenal? Des milliers comme chaque fois, des amoureux de la mer venus saluer les concurrents, des touristes en camping-car, des Vendéens en goguette. Un peu moins cependant qu'il y a quatre ans : nous sommes en milieu de semaine et, pour moi, ça ressemble à un départ peau de chagrin; je ne me sens pas particulièrement fier, comme si nous avions de nous-mêmes organisé cette demi-fête avec trop peu d'invités. En même temps, ça fait du ramdam, et je ne peux nier que je vibre secrètement derrière le brouhaha. Ému même par ces spectateurs qui nous chantent des au revoir emplis d'admiration.

Ce sont les chalutiers des pêcheurs olonnais qui tirent doucement nos monocoques. On se salue vite, on se sourit, non pas comme des complices car nous ne faisons pas tout à fait le même métier, mais simplement parce que, tous, nous sommes gens de mer. Et le respect se lit forcément dans les rapides regards mutuels que nous échangeons sans y penser. Juste avant de me déhaler, Ellen MacArthur est venue me donner une boule antistress et un baiser. Je lui dis, droit dans les yeux, que, si je ne gagne pas la course, c'est elle qui doit l'emporter; Catherine Chabaud m'offre une longue embrassade, d'autres une poignée de main, un mot gentil. Philippe Jeantot, lui, a une petite bouteille de champagne pour chacun des marins. Je n'entendrai pas ses phrases qui me souhaitent sans doute bon vent et me disent de sabrer le vin qui pétille au passage de l'équateur. Ces attentions me touchent évidemment, mais je ne suis ni un homme d'adieu ni un marin d'à demain. Je suis déjà dans la course. *Aquitaine Innovations*, mon « 60 pieds », s'éloigne du ponton. Pas encore en haute mer, mais les amarres déjà larguées. J'ai toujours aimé ces instants rares : les départs en solitaire, quand se dénouent doucement les derniers liens qui me retiennent à la terre ferme. Cela n'a rien à voir avec le temps que je vais passer en mer, non. Juste une manière tendre et progressive d'engager une nouvelle partie avec cette solitude qui me fait vivre, de rejoindre lentement la haute mer pour un combat égoïste contre les éléments. À la fois loin des miens et de ceux qui m'épaulent, et toujours proche en pensée. Sur un bateau de 18,28 mètres...

Partir, comme si je renversais une frontière, pour mieux la reconstruire lorsque je reviendrai. Je sais qu'en mer il n'y a plus de ruptures. Entre les jours et les nuits qui se succèdent, les semaines et les mois qui courent après le temps. Juste suivre le chemin que me tracent les vents et les courants, le mouvement perpétuel de la Terre autour du Soleil. En mer, lorsque je ne vois plus les côtes, c'est l'infini de la planète qui me regarde avancer. Partir pour un tour du globe, cela ne se compare à rien d'autre. Rien à voir avec l'homme d'affaires, le touriste qui prend son avion à Paris et se retrouve vingt-trois heures plus tard en Nouvelle-Zélande, en Australie ou à Tahiti après avoir traversé la moitié du monde. En un rien de temps à l'échelle de l'humanité, ou à l'échelle du navigateur solitaire, mais que peut-il bien ressentir, hormis le fait d'avoir gagné une bribe de temps sur le temps ?

La moitié des bateaux est partie. Je jette un œil derrière moi, un regard au ponton qui se vide progressivement et ressemble à la désagrégation d'un puzzle trop bien agencé. À mon bord, du monde, beaucoup de monde, Agathe, Hervé, Romaric, Stéphane, Richard, Laurent et Michel, ma belle équipe, Pierre-Louis Castelli, journaliste de Radio France. Et bien sûr Isabelle, ma femme, Emmanuelle et Nicolas, mes enfants. Lorsque je les quitte, je cherche toujours à ce que la séparation se passe en douceur, les enfants savent parfaitement ce que je fais, où je vais, on leur a montré le planisphère, on leur a fait suivre les préparatifs, ils connaissent les noms des autres concurrents. Eux m'ont donné quelques présents pour accompagner ma course : Nicolas, un masque pour faire peur à Catherine Chabaud; Emmanuelle, des dessins et des feuilles de papier découpées comme des napperons que j'ai collés à l'intérieur du bateau. Je les embrasse une dernière fois, ils s'en vont, puis, à tour de rôle, mes passagers sautent dans les pneumatiques. Doucement, le bateau remonte vers la mer, tandis que mes équipiers vérifient encore et encore. Ce n'est pas forcément un instant que j'apprécie. J'ai besoin qu'on me laisse seul, envie de me retrouver, de me confronter avec mes premiers repères de solitaire. Le temps vient vite des dernières discussions, des dernières réponses aux questions. Quelles voiles vais-je donc établir ? L'ultime point météo laissait entendre des vents fluctuants, pas très francs du collier. Grand-voile, génois sont hissés. Les derniers à partir seront Stéphane et Romaric, mes préparateurs. Ils débarquent à l'ultime moment, juste dix minutes avant le départ. On s'embrasse, une phrase glissée, un « prends soin de toi », pas vraiment de larmes, mais une petite tension perceptible. Il est grand temps d'y aller.

Derrière et autour de moi se bousculent les bateaux accompagnateurs. Des petits, qui se rapprochent sous le bruit turbulent des hélicoptères pour photographes et cameramen. Des gros affrétés pour mes partenaires. Je sais qu'à bord du grand bateau blanc, solide navire qui cabote entre les îles bretonnes et le continent, mes parents, Isabelle, mes enfants, mes amis et ceux qui me soutiennent depuis si longtemps ont pris place. Je les imagine, le cœur balancé par la houle tranquille, les doigts refroidis par l'air vif de novembre, à se demander s'ils ont bien fait de me laisser partir, s'ils ont raison de m'accompagner encore vers ce grand chemin de solitude.

16 h 11. Le vent est si faible, décidément. Une éclaircie, comme si les cieux avaient décidé de nous saluer avant de nous donner du fil à retordre. Des conditions changeantes, même. Dans le calme, le vent a tourné. Il a fallu manœuvrer, trouver l'endroit du plan d'eau qui me permettra de m'extirper au mieux de la noria d'embarcations, calculer les minutes, puis les secondes qui s'égrènent en attendant le coup de canon. Surtout ne pas passer la ligne symbolisée par une bouée et le bateau-comité avant l'heure, il me faudrait rebrousser chemin et perdre du temps sur les autres. Partir en tête pour une course de cent jours peut paraître d'une insondable vanité. Mais il y a des petits gestes qui rassurent, des satisfactions de peu qui donnent un moral d'acier.

Ça y est, le bruit ne m'a pas fait trembler, le canon a tonné. Je suis concentré, je passe la ligne en tête. Dans un vent tellement chafouin qu'il va nous falloir tirer trois ou quatre bords pour nous extirper de la baie des Sables. Je n'ai pas choisi la bonne toile, augmenter la voilure devient rapidement une nécessité. Le vent adonne, tourne vent arrière, il faut envoyer mon gennaker, plus grand et plus léger, plus apte à descendre avec le vent. Ce n'est pas évident, même si je suis complètement dans le bain, je dois me rendre à l'avant du bateau, en laissant le pilote automatique tracer la route au milieu des embarcations. Ça y est, c'est fait. Pendant que je perdais des miettes de temps, la flotte s'est égaillée sur le vaste plan d'eau. Une nouvelle rotation d'Éole et me voilà complètement vent arrière. À petite vitesse. Je passe la bouée de dégagement dans une pétole plaintive. Jourdain et Desjoyeaux sont devant *Aquitaine Innovations*. Certains semblent alors choisir une route délibérément nord, au 280 ; d'autres tentent de filer par le sud, comme moi, cap au 190. Une option que j'avais définie au départ, je m'éloigne donc, bâbord amures.

La situation se dégage, seuls nous poursuivent encore les bateaux les plus puissants, je sais qu'ils ne tarderont pas à rebrousser chemin. J'entends des cris, des appels, des applaudissements qui se perdent, je regarde le grand navire blanc sans vraiment reconnaître les visages qui m'interpellent. Des mains se lèvent, les derniers chants, les derniers mots. Bientôt, nous serons seuls.

Je peux enfin m'occuper sereinement du bateau, vérifier la façon dont mes voiles acceptent le don du vent, faire confiance à mon pilote automatique dit « intelligent » parce qu'il paraît capable de réfléchir à la meilleure façon de barrer, descendre à ma table à carte où je vais passer la majeure partie des mois qui viennent, étudier encore une fois mes fichiers météo, préparer mon premier repas de solitaire. Et penser à la course.

J'ai déjà établi mon plan de bataille, mais, comme à Hollywood, le scénario n'est rien sans le producteur, le réalisateur et les comédiens. Je ne sais pas si les acteurs seront bien choisis, les décors bien réalisés, s'il ne manquera aucun accessoire, et si les éléments seront cléments. J'ai en tout cas dans la tête le film de ma course, les bornes particulières, les endroits clés que je tenterai de négocier mieux qu'à l'amiable, le cap Finisterre d'abord, lorsque l'on quitte le golfe de Gascogne pour commencer à descendre vers le sud, les Canaries, ensuite, chapelet d'îles, le pot au noir, zone insaisissable, puis l'équateur, l'alizé du sud-est qui nous porte jusqu'à l'anticyclone de Sainte-Hélène, dernier endroit tranquille avant d'attraper le courant d'ouest qui m'emmènera vers les portes de l'Indien et des cinquantièmes. Pour moi, ce sont des bornes qui définissent surtout des zones différentes, et c'est ainsi que, pour chaque zone, j'ai déterminé des tactiques à suivre. Élaborées, voire modifiées bien sûr en fonction de l'endroit et de ma place au sein de la flotte. Si je suis en tête, je ne gérerai pas ma course de la même façon que si je suis dans le peloton de queue. Est-ce que je parviendrai à tenir ce plan de course ? Personne ne peut me le dire à cette heure. Mais j'ai voulu, pour la première fois, organiser ce tour à l'avance pour anticiper la plupart des cas de figure. Et, en mangeant les deux sandwiches, seuls produits frais que j'ai à bord et que m'a préparés Isabelle, je me persuade encore que j'ai eu raison.

La nuit tombe, je surveille Desjoyeaux et son *PRB*, dont je distingue les feux, je suis en tête. Quand le vent se lève enfin, le bateau semble bondir de joie, vite, je marche à 13 nœuds. Je file plein pot sur le plateau de Rochebonne, il me suffit juste de passer au sud de la bouée cardinale qui signale le danger. Pas d'inquiétude, je rentre à l'intérieur du bateau, mais quand je ressors, pétrifié, je n'en crois pas mes yeux. Juste devant, pile dans l'axe, je vois la bouée, et mon beau 60 pieds qui fonce dessus. Elle est haute, solide, destructrice. Si je la heurte, ma barre de flèche risque d'exploser. Pénible perspective qui verrait alors mon mât chuter dans les eaux glacées. Je n'ai pas le temps d'appuyer sur le bouton du pilote ni de reprendre la barre. Sans réaction, je ne peux que constater que la bouée a choisi de s'incliner, à vingt centimètres. Une révérence ? Jamais je n'ai connu une telle impression. Je me retourne, je regarde mon sillage, vois la bouée danser comme si elle riait de cette bonne blague. Je n'ai pas le temps de stresser, donc pas de contrecoup derrière, juste un « Putain, t'as eu chaud, mais ça se présente bien, parce qu'en plus, t'as du pot ». Dans la même seconde, je repense à ce que m'a dit récemment Jacqueline Tabarly, la femme d'Éric : « Yves, ton ange gardien te protège, mais ne le sollicite pas trop. »

C'est une très belle nuit, une ambiance magnifique, je suis désormais bien en phase dans ma tête. Apaisé.

3

Joyeux anniversaire !

Il y a toujours des cadeaux dans les bateaux qui font route. À n'ouvrir que certains jours. Il y a ceux que je découvrirai à Noël, et ceux que, aujourd'hui, je suis autorisé à déballer. Mais, aujourd'hui, ça tombe mal. Je suis à la latitude des Canaries, en pleine bourre certes. Quoique si fatigué déjà de me battre depuis cinq jours. Ce même 14 novembre, il y a quarante ans, à Versailles, un berceau recevait mes premiers cris. Troisième de la fratrie. Une sœur, Sylvie, et un frère, Luc, m'avaient précédé à un an d'intervalle chacun. Manuella et Olivia, six et huit ans plus tard, me succéderont au pied de l'arbre généalogique. Papa ingénieur au Commissariat à l'énergie atomique, maman encore hôtesse de l'air. Qui alors aurait imaginé que je fêterais ici, au nord de l'archipel des Canaries, quarante ans d'une vie passée à apprivoiser les océans, à construire des bateaux, à respirer la météo, à me battre pour des victoires sportives ? Et moi qui vagissais. Et moi qui grandissais. Quarante ans, comme la moitié de la vie, ou le tiers, le quart si l'on écoute ceux qui espèrent peut-être qu'un jour l'homme sera immortel. Cela m'impressionne un peu, je ne me vois pas vieillir, j'ai juste le sentiment d'avoir bien bourlingué, d'en avoir fini avec les années de galère sans le sou. Et, en même temps, j'arrive à un moment de l'existence où je me demande si je vais avoir droit à une seconde vie, à un second rythme. Je sais, par exemple, que j'aimerais faire un autre tour du monde, en un maximum d'escales, avec Isabelle et les enfants. J'aimerais tant montrer à Emmanuelle et Nicolas, aujourd'hui six et cinq ans, ce que la mer recèle comme richesses, comment l'homme qui, d'après les scientifiques, en est issu peut y vivre en quasi-autarcie, comment la mer et la terre s'unissent pour le bonheur des uns et parfois le malheur des autres. Un tour du monde, pour la diversité des océans, la richesse des continents, la beauté des îles où nous nous arrêterions.

Quarante ans ? Pour moi, ça reste éternellement l'âge de mes parents lorsque, enfant, je les faisais parfois tourner en bourriques. J'aimerais avoir le temps de réfléchir à tout cela, de revisionner en flash-back ces morceaux d'enfance si vite traversée, de me souvenir des heures passées dehors. Une enfance facile en banlieue parisienne. L'éveil à la vie et à la nature. Étais-je en marge ? Timide, renfermé, et dyslexique en tout cas. Du mal à lire, pas envie de tourner des pages, pas envie d'aller à l'école. Jusqu'au jour où mon père m'offre un livre qui bouleversera ma vie. Les *Damien*, l'histoire de deux jeunes navigateurs « tourdumondistes » qui me révéleront un océan de perspectives et me conduiront, selon la bibliothécaire, à ne lire ensuite que les livres d'aventures, de mers et de montagnes. L'école n'est pas mon terrain de jeu préféré, même si, progressivement, je me passionne pour la géographie, les mathématiques et la physique. Autant de matières choisies parce qu'elles me permettent de m'échapper, de penser à la mer, de réfléchir à l'avenir. J'ai surtout soif d'autres frissons, d'autres aventures. Presque un sauvageon lorsqu'il s'agit de m'éclipser discrètement, de disparaître sans prévenir. Nous habitons Orsay. Près d'anciennes carrières de grès. Très vite, à l'âge où d'autres enfants préfèrent le cinéma ou le français, je pars, en solo, quelquefois avec mon cousin Lionel ou mon voisin Yves. Ni corde ni équipement, un vélo et des envies de grimper. À l'époque, mes parents ne savent pas tout de mes activités de chenapan, comment je travaille ma souplesse et mon agilité en m'élevant de rocher en rocher, comment, avec Carlotta, ma petite amie de l'époque, qui habite Larchant, près de Fontainebleau, je suis en quelques coups de pédale au pied du massif de l'Éléphant, ou de la Dame-Jeanne. Plus près de la maison s'élève une vieille tour en meulière, bouts de pierre apparents où s'accrochent mes doigts, dix mètres de haut, avec des meurtrières et un escalier en colimaçon à l'intérieur. Personne n'a jamais ouvert autant de voies sur toutes les faces de l'édifice, des voies que je retrace ensuite sur des feuilles blanches. Dire que je les conservais précieusement serait trop loin de la vérité. Je vénérais ces dessins comme preuve de mon irrésistible goût pour l'alpinisme périurbain. Plus tard, mon parrain m'offrira une corde d'escalade, puis je plongerai dans les bouquins de montagne, Rebuffat et les autres.

Très tôt, je suis une démarche identique pour la voile.

À Orsay toujours. En sixième, avec mon ami Alain, nous avions déjà fabriqué un radeau en bois et polystyrène. Autour du lac des Ulis, on nous reconnaissait sans doute lorsque nous y naviguions, poussés par une longue perche. C'est deux ans plus tard que je construis mon premier kayak, dans le jardin de mes parents, puis en troisième que j'y ajoute un mât, deux dérives, et des roues de vélo pour le rendre transportable à bicyclette. Là encore, j'ai fait le tour des lacs du voisinage, Courtabœuf, les Chartreux et les Ulis toujours. J'envisage même de me rendre par les voies fluviales jusque chez ma grand-mère qui vit à Condé-Sainte-Libiaire, en Seine-et-Marne. Depuis Orsay, il me suffit de suivre le cours de l'Yvette, puis de la Seine, avant de remonter la Marne et le Grand-Morin. Cent kilomètres, au bas mot, avec une pagaie confectionnée à partir d'un tube plastique et de deux bouts de contreplaqué. Inutile de préciser que la navigation ne se fera jamais. Hélas !

De mon vaisseau non identifié en tout cas, ceux que j'emmène en balade confondent souvent la poupe et la proue, certains chuteront même lors de sorties d'hiver que j'organise pour nous seuls. Un copain de mon frère garde un souvenir glacial de son bain forcé car il faillit y laisser ses lunettes. Quant à moi, rien ne me fait peur. Un peu plus tard, je conçois même une planche à voile sur glace, histoire de profiter pleinement des hivers trop rigoureux. Ce qui doit advenir advient évidemment : un jour, je passe à travers la mince couche d'eau gelée qui recouvre le petit lac. À l'insu de mes parents, je rentre à la maison à vélo, cinq kilomètres à me glacer les os, gagne ma chambre, me change et tente de me réchauffer, alors que l'heure du dîner approche. À table, je pense donner le change lorsque ma mère me demande, soudainement inquiète : « Mais, Yves, qu'est-ce que tu as, tu es tout violet ! »

Même si mes parents ignorent une grande partie de mes folies, je me prends parfois de sacrés coups de tromblon. Dois-je avouer que je doute encore qu'ils aient été mérités ? Ainsi à Arcachon, lors de vacances d'été, à l'âge de la puberté, j'avais emmené sur le 4,70 ma plus jeune sœur. Olivia devait avoir cinq ans, elle riait, chantait, et moi qui l'avais même mise au trapèze. Sous les yeux horrifiés de ma mère qui nous surveillait depuis la plage. C'est avec Olivia que j'ai fait le plus d'âneries. Avec elle que je montais au sommet des arbres, avant de la faire descendre en rappel d'une vingtaine de mètres. Sans aucune assurance, bien évidemment.

Faut-il regretter tout ça, ou simplement se dire que cela faisait partie de mon apprentissage et m'a mené là où je suis actuellement ? En train de me débattre avec la mer, de recevoir des messages depuis que mes systèmes de communication, qui ne fonctionnaient pas depuis le départ, se remettent à marcher. Des messages codés et des charades qui vont m'indiquer où sont les cadeaux que chacun a entreposés en secret dans les flancs d'*Aquitaine Innovations*. Partout donc, me disent-ils. Mais je n'ai encore rien cherché, rien trouvé, rien ouvert. Je viens de passer une nuit à poursuivre les vents et à n'attraper que les calmes. Péniblement, je commence à retoucher des souffles venus du nord. Je marche à 6 nœuds, une broutille. Et croise encore des grains de temps en temps. Sur mon tableau de route, demain matin, à 6 heures, je serai à 60 milles des Canaries. Mais, cette nuit, j'ai pris trois heures dans la vue. Je suis derrière Mich' Desj et Marc Thiercelin qui mènent la ronde.

J'aimerais tellement sentir les voiles se tendre comme se gonfle mon cœur quand *Aquitaine Innovations* se met à surfer sur les vagues. J'aimerais lui dire tendrement qu'il s'agit sans doute de notre dernière course ensemble, qu'après ces années de connivence je passerai probablement à autre chose en arrivant au port. Lui faire comprendre que c'est moi qui l'ai fait, comme lui m'a poli, que notre histoire est comme celle d'un couple, avec ses joies, ses peines, ses déceptions.

Raconter la naissance d'un bateau, c'est toujours expliquer la vie de celui qui le construit. Comme se bâtissent les histoires d'amour. Fortes, denses, jamais tristes malgré les désagréments et les ennuis. Ce bateau, je l'ai imaginé, je l'ai mis sur le papier avec Jean-Marie Finot et Pascal Conq, architectes navals qui ont dessiné la plus grande partie des voiliers du Vendée Globe. J'ai participé à sa construction avec Thierry Éluère, génie de la fibre et du carbone, j'ai évidemment travaillé à sa mise au point, j'ai aussi demandé à chacun de réfléchir à tout ce en quoi je croyais : le mât-aile, les matériaux composites, la forme de la carène pour planer sur les vagues, la recherche absolue de la légèreté, l'absence de confort parce que la vie de solitaire ne peut se repaître d'aménagements trop douillets. J'ai même accepté plus tard, pour des raisons réglementaires que je ne reconnaissais pas totalement, de le modifier, de le rendre prétendument plus sûr. Il faut imaginer ce que ressent un marin lorsque l'on ouvre en deux son bateau, lorsqu'il entend le bruit tressautant des scies qui fouillent dans ses entrailles. Il me fallait changer la quille, abaisser le centre de gravité pour permettre à *Aquitaine Innovations* de se remettre d'aplomb en cas de chavirage. Lorsque les travaux furent exécutés, il m'était difficile de regarder le trou que mon équipe technique découpait autour de la quille, la coque que l'on débitait, l'endroit impropre où s'opéraient les transformations. Mon monocoque avait été construit dans les locaux de l'Aérospatiale, ambiance stérile, ambiance parfaite. Là, il était charcuté dans des circonstances nettement moins sophistiquées. Un chantier, juste un chantier. Mais il fallait faire vite, il fallait être prêt pour le départ du Vendée Globe.

La mesure se justifiait peut-être, mais elle a aussi transformé la façon d'avancer de mon bel oiseau bleu : le mât et le gréement ont subi une cure sévère, perdant 45 % de leur poids; le bulbe de quille, au contraire, a pris des joues et 680 kilos de plomb pour l'alourdir, et le voile de quille pèse presque deux quintaux de plus qu'à l'origine. Enfin, 70 kilos de renforts structurels ont été rajoutés au fond du bateau. Transformant sans aucun doute et à tout jamais son comportement. Certes, il est plus puissant, plane avec moins de légèreté, et c'est toujours un ardent guerrier aux allures portantes, mais en même temps je sais qu'il me faut le surtoiler et surveiller son avant en permanence. On dit qu'il est un peu plus « sur le nez » qu'au moment de sa naissance. Avant, il avait un comportement caractéristique, se cabrait comme une planche à voile avec quatre mètres d'étrave dehors lorsque le vent le portait. Il est maintenant plus physique, plus musclé, si l'on peut employer ce terme;

pardonne mieux les manques à virer, se met probablement moins en vrac mais sollicite une écoute presque permanente. C'est avec lui, sur lui, à ses côtés même que j'entame ainsi, simplement, mon deuxième tour du monde, c'est avec lui que j'ai traversé l'Atlantique, remporté la course New York-San Francisco 1998, cette Route de l'Or qu'empruntaient, aux siècles passés, les grands clippers : c'est lui qui fait partie de moi comme je fais partie de lui.

Quinze jours plus tard, j'ai finalement trouvé les cadeaux d'après les indications de plus en plus précises envoyées par les terriens. La cassette numérique planquée dans le relais électrique de distribution des feux de route. Oui, je l'ai regardée et j'ai découvert avec émotion que chacun son tour avait été filmé et me souhaitait un bon anniversaire. Et l'encyclopédie sur CD-ROM qui, mais je l'ignorais encore, allait m'être d'un secours inattendu dans le grand Sud pour des précisions essentiellement géographiques.

En attendant, et après avoir remercié mes proches pour ces présents, je dois bien admettre que, devant moi, Michel Desjoyeaux mène grand train. En même temps, j'essaie de me raisonner, de me convaincre que l'important c'est d'avancer à mon rythme, non pas en père peinard, mais en marin responsable. Je ne suis pas là pour contrôler mes adversaires. Pas encore, en tout cas.

4

Prendre la tête

Le passage des Canaries se déroule comme dans un conte. Un moment de pure beauté. La Grande Canarie est éclairée par un soleil radieux, puis par un merveilleux coucher de soleil. Je suis sous spi, non pas insouciant, mais serein. En tête de la course. Sans imaginer un instant que je suis en train de me faire piéger. Le coup fourré porte un nom scientifique, c'est « l'effet Venturi », une curiosité météo qui se traduit par une accélération du vent dans le goulet formé entre des terres montagneuses. Car j'ai voulu passer entre deux des îles, Tenerife et la Grande Canarie, plutôt que de tenter une route par l'est, plus courte peut-être, mais moins favorable au moment de sortir de l'archipel.

Je connais assez bien la côte pour l'avoir un peu fréquentée lors d'une minitransat que j'avais remportée, il y a juste quinze ans. Je suis donc grand largue, poussé par l'alizé qui me fait descendre sans cruauté. Je sais qu'un peu plus tard il me suffira juste d'empanner plusieurs fois pour me retrouver sur la bonne route. En prenant garde toutefois de ne pas trop serrer la côte : il s'agit de ne pas se faire avoir par le dévent causé par le sommet de l'île qui culmine à trois mille deux cents mètres. Pour l'heure, tout se passe comme je l'entends. Un long bord vers Tenerife, une bonne bascule de vent, j'empanne, c'est la fin de la journée, le temps est vraiment superbe. En même temps, tout n'est pas si rose : je n'ai pas dormi depuis la nuit dernière. J'ai un paquet d'heures dans les bottes, la fatigue me gagne. Mais, quand la nuit tombe comme un rideau, pas question de réduire la toile.

Pour l'heure, le vent n'est plus d'une grande régularité, me contraignant à être présent sur le pont sans interruption. Les écoutes de spi et de grand-voile sont dans les winches, le pilote à portée de main, je suis prêt à prendre la barre ou à choquer les voiles. Pas un instant je ne songe à l'effet Venturi.

Soudain, le souffle augmente brusquement, montant même jusqu'à 31 nœuds de vent réel, et moi, qui reste interloqué, surpris, incapable de réagir, avec mon spi lourd, ma grand-voile haute. Je me dis que ce n'est pas possible, que ça ne peut durer, qu'il va redescendre. Je ne m'affole pas mais constate que le vent continue à monter. Je suis coincé à la barre. Il me suffit d'un instant pour comprendre le phénomène, en ignorant en revanche le temps qu'il va durer, tout comme la longueur du bord que je vais devoir faire dans ces conditions plutôt inamicales. De toute façon, j'arriverai à m'en sortir.

Le spi me pose encore problème depuis que j'ai recommencé à naviguer après l'accident de parapente : lors de ma dernière transat, un peu timoré, je m'étais fait tirer l'oreille car je n'avais pas voulu le hisser, pas osé, pas eu envie ; un peu plus tard, lors du parcours de qualification que j'avais dû faire avant le départ, à cause des modifications effectuées sur le bateau, je l'avais envoyé en me disant que pendant le Vendée Globe, par vent trop fort, jamais je ne m'en servirais. Trop lourd, trop puissant, trop difficile à manier pour mes capacités physiques plus limitées. Et voilà que là, tout d'un coup, j'ai ce que je mérite. Funeste punition : je ne me sens pas dans ma tête ni dans mon corps la force nécessaire pour affaler ma grosse voile ronde et puissante. Démuni, il faut tenir...

En temps normal, je serais allé à l'avant, j'aurais manœuvré pour que le spi revienne doucement dans la soute à voile. Là, fatigue, épuisement, peur physique, avec mon pied insensible et ma jambe malade, je ne peux me résoudre à me rendre sur la plage avant. Je décide donc de barrer en abattant le plus possible pour ne pas créer de vent apparent. Je sais que le phénomène est local et que l'effet Venturi, ça va, ça vient. J'espère que la durée de l'expérience sera courte, et sans dommage.

Hélas, ça n'a pas l'air d'être le cas, rien ne se calme. Au contraire même, le vent demeure soutenu, se renforce parfois. Je connais des moments limites, avec du mal à contrôler la barre. Je crains le départ au tas, le spi qui explose, je m'épuise, muscles douloureux, usé par le vent et la mer. Je sors du passage entre les deux îles espagnoles, le vent ne se calme toujours pas, je me demande si ce n'est pas en fait l'alizé qui se renforce. Il faut absolument que j'affale mon spi, car la mer se creuse de plus en plus. J'ai besoin d'une heure pour me décider à faire la manœuvre. Dans le même temps, ma concentration ne doit pas filer en quenouille : à ne pas complètement m'éloigner du lit du vent pour ne pas partir au lof, bien que ma grand-voile soit complètement choquée, je suis parfois limite de partir à l'abattée.

Pourquoi tout ça ? Je m'étais promis de ne pas déconner et là, après même pas dix jours de course, voilà que je fais des miennes. Je vais rester scotché à la barre pendant quatre heures. Je pense avoir raté le dévent de l'île, il ne me reste plus qu'à attendre une accalmie. Je la sens venir en consultant mon anémomètre, je vais pouvoir affaler mon spi dans 25 nœuds de vent. La manœuvre va finalement bien se passer, parce que je l'ai préparée sans me précipiter. L'espace de quelques secondes, j'ai laissé mon pilote barrer, car j'ai constaté qu'il arrivait à contrôler le truc. J'ai donc eu le temps d'installer la contre-écoute de spi dans une poulie sous le vent, en avant de la barre de flèche. En reprenant cette écoute, je tends la chute, il me suffit de larguer le bras et de continuer à retendre la chute au winch afin que le spi se mette en drapeau sous le vent de la grand-voile. À cet instant, je peux enclencher mon pilote et descendre la chaussette au winch pour étouffer progressivement le spi et calmer ses ardeurs. Je repars, en me rendant compte qu'il ne s'agissait pas d'une chute passagère du vent, mais que j'étais bel et bien dans le dévent de la Grande Canarie. J'empanne, le vent a vraiment mis un mouchoir sur ses envies de me bastonner. Me voilà sous génois et grand-voile. Dire que je me sens mieux n'est pas mentir. C'est ma première vraie victoire. Sur moi-même et sur l'océan.

Je viens de descendre à fond, le bateau marche comme jamais. Et pourtant il suffit d'un rien pour faire flancher mon énergie. En même temps, je trouve matière à positiver malgré la lassitude physique : j'étais persuadé que les autres auraient fondu sur moi, m'auraient dépassé sans vergogne. Je constate simplement que mes adversaires sont toujours derrière moi. Je m'aperçois que mon bateau est plus rapide que les autres, car malgré les dires de la concurrence et l'intox qui règne entre nous, depuis le départ, nous sommes vraisemblablement tous au taquet.

Depuis, j'ai repris de l'air et je suis resté sous la même configuration de voile. Depuis, ça va toujours très vite : j'ai juste ajouté la trinquette. Pour me reposer un peu, j'ai décidé de ne pas envoyer le gennaker et j'ai bien fait : là, j'ai 27 nœuds de vent réel à l'anémomètre. Établi au nord-est. D'après les positions, je suis actuellement passé à la deuxième place, derrière Michel Desjoyeaux qui continue à mener bon train avec son *PRB*. Je vais me coucher, plus que fourbu, plus qu'heureux.

En me réveillant au matin, je n'en mène pas large : je suis désormais troisième, devancé aussi par *Active Wear*, le navire de Marc Thiercelin. Alors, je n'ai d'autre choix que de mettre du charbon pour faire avancer le bateau, je renvoie de la toile pour ne pas perdre la trace de ceux qui me précèdent. La tactique est payante : vingt-quatre heures plus tard, et le plaisir en est décuplé, je dois admettre que j'ai eu raison. Le soleil se lève sur mon passage en tête. Je n'ai donc pas de problème de vitesse par rapport aux autres concurrents, même quand ceux-ci disposent de bateaux plus récents que le mien. Je vois que, quand je pousse *Aquitaine Innovations*, je peux même aller plus vite qu'eux. Pour un compétiteur, il n'y a pas meilleur moyen pour remonter un moral.

C'est vrai aussi que je suis bien surtoilé : grand-voile, génois et trinquette avec par moments 30 nœuds de vent. Au largue, je dois avouer que c'est vraiment beaucoup de surface offerte aux grosses colères d'Éole. Il n'y a pas de danger, mais c'est un peu comme si je conduisais pédale d'accélérateur bloquée. Une façon de faire qui me permet de parcourir environ 394 milles en vingt-quatre heures. Une vitesse moyenne de 16 nœuds, et des pointes à 26. À l'extérieur, c'est la douche permanente. L'eau qui tombe en paquets, à chaque vague, avec violence. Ambiance Karcher ou mousson tropicale, c'est selon. Mais j'aime ça.

Rien ne me tracasse, je me sens en pleine santé, si ce n'est une petite écorchure au genou que je me suis faite en tombant. Un peu plus tard, le vent mollit, mais ma moyenne baisse à peine, avec une vitesse de 15 nœuds. Je vis une journée phénoménale, qui me permet de fondre sur les îles du Cap-Vert que je pense laisser au vent, cette nuit. Mais, encore une fois, je vais passer très près des terres émergées, cailloux perdus sur l'Atlantique, maigres représentants de ces sols que j'ai quittés. Je suis en tête, et c'est important pour moi. C'est comme si je rentrais complètement dans la course, comme si cela me permettait de prendre confiance, comme si je me fondais dans une logique de maîtrise de la situation. Hormis le passage délicat des Canaries, j'ai l'impression que mon bonheur de marin est à portée de voix. Je me retrouve dans un état psychologique extrêmement positif, avec une grande sérénité, une certaine fierté aussi ; je suis stimulé par la performance, mais en me gardant encore de baigner dans l'euphorie.

Simplement parce que je me sens 100 % en accord avec mon bateau, avec les éléments. Un peu comme un chien dans le brouillard, jamais perdu car il parvient toujours à suivre la piste en sentant qu'il est dans la bonne direction. Je suis en tête et je me dis que je vais attraper les bons vents avant les autres. Complètement pris par cette régate qui ne ralentit pas, collé aux événements, je vis, je conceptualise la course dans ma tête. Par rapport à l'alizé qui va me propulser vers l'équateur. Par rapport à la terre, au chemin le plus court. Je sais que mes décisions deviennent alors stratégiques, qu'il me faut trouver le meilleur compromis entre le rallongement de cette route et la position qu'elle va me donner.

Je crois à ce moment qu'il n'y a rien de plus fort pour un marin que de faire corps avec le bateau, avec la mer, quand son navire marche comme il l'espère. Je ressens à nouveau cette impression d'esthétique, ce mélange d'aérodynamique, d'hydrodynamique, qui me rapproche de la perfection. Alors, je deviens de plus en plus exigeant tandis que j'entame ma descente vers le sud : je chiade mes drisses, je tente d'éviter le fardage au maximum, je range tout ce qui pourrait gêner la progression de mon bateau, mi-poisson, mi-oiseau qui doit fendre les éléments. Je repense même à mes glissades à skis et à la manière que j'avais de jouer avec l'air des montagnes.

C'était au Trophée mer-montagne, à Risoul, une rencontre sportivo-amicale organisée chaque année en janvier et qui permettait aux gens des océans et à ceux des sommets de se rencontrer pendant quelques jours et de partager sans interruption le même goût de l'aventure, la même proximité avec la nature. Escalades, discussions, épreuves physiques, fêtes et débordements rythmaient les menus quotidiens et les nuits parfois bien courtes. Un jour, nous avons été conviés à une épreuve de vitesse. Je m'en souviens comme si c'était hier. La piste de ski, droite comme un I, avait été parfaitement damée ; en bas, deux cellules de chronométrage calculaient la vitesse des participants. Avant de m'élancer, toujours perfectionniste, j'ai passé dix minutes à coincer mes manches d'anorak entre mes doigts, à cacher les zips de mes fermetures Éclair à l'intérieur de mes vêtements, à joindre mes mains pour épouser la forme des bâtons, à plier mon corps pour comprendre quelle serait la meilleure façon de pénétrer dans l'air. J'ai regardé ensuite partir les premiers concurrents, qui poussaient comme des malades sur leurs bâtons en lançant leurs skis tels des patineurs de vitesse. Mon tour venu, j'ai respiré calmement, je me suis laissé aller sans donner aucun mouvement perturbateur. Je me suis senti glisser doucement d'abord, puis, au fur et à mesure que je prenais de la vitesse, j'ai essayé de rester en contact permanent avec la neige, mon esprit uniquement concentré sur la façon dont je devais me fondre dans les molécules d'air. Mes bras collaient aux bâtons, mes mains se serraient comme deux étaux autour d'une poignée. Près de 140 km/h : j'ai atteint la vitesse la plus élevée, exception faite des spécialistes de la discipline, équipés comme des professionnels et protégés par leur combinaison moulante et leur casque profilé.

Je retrouve étrangement les mêmes sensations à ce moment de la course. L'impression que mon gréement est une aile, que mon bateau est un oiseau. Et que moi, à la barre d'*Aquitaine Innovations*, je vole vers un destin favorable.

5

Dans les calmes

Le scorpion est-il fatalement autodestructeur ? Je parle de l'animal, doté, dit-on, d'un tempérament quasi suicidaire quand il réalise que la fin est proche. Lorsque des enfants l'entourent d'un cercle de feu ou le jettent au milieu des flots d'un ruisseau, que fait-il ? Il se pique, préférant se donner la mort plutôt que d'accepter d'être la victime d'éléments extérieurs. Et moi, Scorpion zodiacal, alors que je n'ai jamais cru aux délires des horoscopes des magazines, aux divagations des Cassandre pour shows télévisés, pourquoi faut-il que je passe si vite de l'euphorie au désespoir, que je cède trop souvent aux méchantes sirènes de la déprime et de la dépression ? Je suis resté bâbord amure après avoir doublé les îles du Cap-Vert, je suis parti vers l'est et voilà que je me retrouve ralenti. Avant mes poursuivants, et cela me mine affreusement. Parce que cela veut dire que je n'ai pas réussi à utiliser au mieux le vent quand il m'était favorable, quand j'étais au meilleur endroit pour attaquer les calmes qui bercent le rapprochement vers l'équateur. Nous appelons cela le pot au noir, une zone étrange et fluctuante d'où l'air s'absente confusément, parfois pendant des heures, voire des jours. J'ai raté mon approche, et j'angoisse de savoir que les autres sont à fond derrière, qu'ils foncent sur moi comme des aigles et qu'en analysant ma position ils comprennent que je leur balise la route à ne pas suivre.

C'est à cet instant que je vais perdre un peu les pédales. À cause de ces calmes terrifiants dont j'ai grand mal à m'extirper, et parce que, dans ce genre de situation, tout chez moi est multiplié, déformé, déchiquetant en un rien de temps mon moral et mon esprit. Depuis que mes systèmes de communication fonctionnent normalement, je m'entretiens régulièrement avec mon équipe. Ce matin, je reçois un mail de l'un de mes préparateurs, qui me reproche de ne pas converser avec l'ensemble de l'équipe. J'ai du mal à y croire, mais je lui renvoie immédiatement un télex : « Mais non, ne crois pas ça. Rappelle-toi qu'aux Sables tu m'avais dit que tu prenais quinze jours de vacances. Ne t'inquiète pas, dès demain je te sollicite à nouveau. »

Cet échange électronique me perturbe totalement, simplement parce que j'imagine qu'à terre ce sentiment est partagé. Je ne suis pas parti autour du monde pour me retrouver dans la position de juge à distance. Ce n'est pas à moi de gérer les problèmes humains, les rapports qui peuvent se tendre, les jalousies qui se créent, les aigreurs qui macèrent... Ce n'est pas mon métier, mais, ce que je sais, c'est qu'en course ces soubresauts dans les relations humaines, ces accrochages de rien du tout, ces remontrances d'un proche peuvent briser mon élan, menotter mon mental. Je ne suis pas apte à les supporter, je ne peux plus fixer mon attention sur autre chose.

Au risque de sombrer. Plus je broie du noir, plus ça mijote, plus je ressasse, plus je me lacère les neurones. Menaçant de tomber dans la folie complète. Je suis à deux doigts de péter les plombs, alors je téléphone à Isabelle et, lorsqu'elle dit : « Allô ! », je fonds en larmes. La fatigue, la pression, les tensions, la course.

Je suis Scorpion, donc, et, comme lui, je suis parfois capable de m'entraîner dans une autodestruction infernale. Il y a tant de périodes de ma vie où je me suis vraiment fait du mal. Dans ces cas-là, Isa choisit toujours les bonnes paroles : sa formation d'infirmière, la connaissance qu'elle a de moi depuis si longtemps, la douceur de ses phrases. Là, après m'avoir écouté, après avoir compati, réconforté son marin désorienté, je sais qu'elle va appeler les gars de l'équipe, un par un, qu'elle va leur parler, les convaincre de m'envoyer des messages d'explication. Et que ceux-ci suffiront à me requinquer.

La déprime m'a bien souvent accompagné dans ma vie de marin solitaire. Lors de constructions difficiles, comme celle de mon premier navire de course, conçu pour la minitransat. J'avais vingt-trois ans à peine, venais de finir mon mémoire de fin d'étude sur les matériaux composites et avais entrepris de construire un voilier de six mètres et demi, carbone et kevlar, pour mettre en application ce que je venais d'apprendre. Je commençais à travailler dès 6 heures du matin, au lycée des métiers de la mer de Gujan-Mestras, jusqu'à 21 heures. Sans interruption, sans me rendre compte que le stress et la lassitude s'additionnaient déjà, en hypocrites, en malfaisants. Et puis, un beau jour, à force de tirer sur la ficelle, le planning prévu a commencé à déraper. Cela débute souvent comme cela, par des désagréments professionnels. La faute à un fabricant qui ne parvenait pas à nous livrer le pont du bateau. Coups de fil, réponses évasives, énervement, trois semaines à attendre. Avec Isabelle, nous sommes partis chez lui en voiture, dans le Jura, construire les panneaux avant de les charger sur le toit de la 205. Des heures de conduite, la crainte que les éléments ne glissent de la galerie, un épuisement de plus. À peine revenus, nous avons continué à bosser comme des fous jusqu'à la mise à l'eau, puis Isa a dû aller travailler dans les Alpes. En prenant bien soin de tirer la sonnette d'alarme, me trouvant limite mentalement. Mon père a alors débarqué avec toute la famille pour me soutenir.

Je n'étais pas en grande forme, c'est un euphémisme. Pourtant, je suis allé jusqu'au bout. Jusqu'à ce que Jean Berret, l'architecte, voie mon bateau à La Rochelle et me félicite. Ensuite ? Les Bretons qui regardaient d'un drôle d'œil suffisant ce gars mi-parisien mi-aquitain débarquer avec son voilier tout en matériaux composites, étrangement pourvu d'un mât en carbone, avec des haubans en kevlar fixés par collage, avaient bien rigolé, pariant sans doute que je ferais naufrage avant le raz de Sein. À l'arrivée de la minitransat, de l'autre côté de l'océan, je ne les distinguais même plus dans mon rétroviseur. Le premier de mes poursuivants terminera bien moins faraud. Avec soixante-neuf heures de retard. Mon moral frisait alors les sommets. Ainsi va ma vie.

Il me faut bien admettre que l'existence du marin charrie son lot de vicissitudes et de coups du sort. Ainsi n'ai-je jamais été avare de dématages qui font s'effondrer les espoirs de victoire, mais je n'ai jamais essuyé de plus tristes moments qu'au cours de l'hiver 90-91. Une période si sombre que longtemps je n'ai pas entrevu la moindre solution. J'avais acheté un monotype pour participer à la course en solitaire du *Figaro*. J'avais bossé comme un fou, galéré comme un malade pour trouver des sponsors, vu ces derniers se mettre à hésiter, à jouer la prudence, à retirer leurs billes. Est survenue la guerre du Golfe, puis une grève des postes. Longue, terrible. Si j'avais croisé à cette époque un facteur, je crois que je l'aurais brisé en deux ou, au moins, que je lui aurais mordu la cuisse comme un chien furieux. Rien, pas de nouvelles, pas de courrier, pas d'argent, pas de coups de téléphone. La déprime qui surgit à gros bouillons.

De janvier à mai, je suis resté cloîtré dans mon bureau bordelais, à jouer sur mon ordinateur. Les jeux vidéo, comme thérapie individuelle, ou comme repli sur moi-même. Je me renfermais, ne voulais voir personne dans ce bureau, silence, cafard, morosité. Je suis devenu un as du jeu du Serpent, où il faut empêcher un reptile au corps de plus en plus long de se mordre la queue, je remplissais également dans des châteaux hantés toutes les missions impossibles. S'il y avait eu un championnat du monde de jeux vidéo, je me demande si je ne me serais pas inscrit, et si je n'y aurais pas eu plus de succès qu'en voile. C'est probablement pour ça que depuis, en course, chaque fois que le moral baisse, je regarde sur mon ordinateur de bord quels sont les jeux que j'ai embarqués.

À la fin de cette période noire, je me suis rendu au départ de la solitaire du *Figaro*, dans l'idée de vendre le bateau, de tout arrêter. Le hasard s'est pourtant voulu complice : j'étais juste parvenu à disputer une course d'avant-saison, pas terrible, j'avais fini quatorzième, mais par un bienfait du hasard, une loterie organisée par un sponsor, j'avais gagné, après tirage au sort, un spi lourd. Me voilà donc à Cherbourg pour négocier le bateau. Personne n'en veut, évidemment. En désespoir de cause, je cours la première étape, et je la gagne après un coup de maître, grâce à mon spi lourd que je hisse malgré un vent de force 6. À l'arrivée à Kinsale, je dépose François Lamiot, le leader, en le dépassant à plus de 13 nœuds. Miracle. La suite sera du même tonneau, puisque je remporterai la course sans coup férir devant un certain Michel Desjoyeaux. À force de choix météo audacieux qui me vaudront le surnom d'« extraterrestre » trouvé par Lionel Péan.

Car, aujourd'hui, ce n'est pas le cas, mes audaces sont à fond de cale, je m'emploie à tirer des bords sans fin, tandis qu'*Aquitaine Innovations* marche à 2 nœuds. C'est un calme zonal, c'est-à-dire que de toute façon il n'y a pas de dépression qui va me rattraper pour me donner du vent, il faut sortir au mieux et au plus vite de cette souricière climatique fluctuante entre les deux hémisphères, aux systèmes météo bien distincts. Ce n'est pas le vent qui viendra à moi, mais bien moi qui dois aller chercher l'alizé du sud-est qui me rapprochera de l'équateur. Alors, je me dis que je dormirai plus tard. Le calcul est simple : dans le pot au noir, si tu t'arrêtes une demi-journée, tu perds une demi-journée, tu ne peux pas te permettre de lâcher l'affaire. Pendant des heures qui me paraissent plus longues que l'éternité, pour avancer de quelques milles, je sens le vent pervers faire la toupie, j'entends claquer dans la houle maussade mes voiles qui réclament en geignant un surplus d'air. Je me bats et, malgré tout, je sors en tête. Même si je me suis néanmoins fait brouter 60 milles par Michel Desjoyeaux : de 160 milles, mon avance est passée à 100.

Les ennuis ne sont pas terminés. Alors que je me rapproche de l'équateur, au près serré dans l'alizé du sud-est forcissant, patatras ! la drisse de ma grand-voile se rappelle à mon bon souvenir. Cassée. Une rupture, pas une usure. Il faut absolument que je monte jusque-là. Malgré la fatigue due à la lutte incessante contre l'absence de vent. La joie enfantine de grimper comme un jeune singe en tête de mât, on peut la retrouver lorsque l'on court en équipage, mais là, seul, avec l'agilité perdue depuis l'accident, je ne peux pas dire que ce soit une partie de plaisir face à la mer. Le plaisir, je l'ai connu enfant, quand je montais au sommet des hauts arbres qui bordaient la maison d'Orsay. Je m'élevais, plus loin que les autres, pour atteindre la canopée, le toit des arbres en plein vent, isolé du monde par les feuilles, les branches, et les mètres que je mettais entre le sol et moi. J'y passais des après-midi entiers. Avec le ciel et le vert des frondaisons qui se confondaient dans mon horizon, avec la cime des grands pins qui dépassaient comme des îlots sur un océan de feuillages. De là-haut, je repérais les plus grands arbres de la forêt, avec le sentiment d'être le seul à voir cela, avec l'envie d'être le seul à vivre sur une telle mer de verdure, mollement balayée par les vents d'ouest du plateau d'Orsay. D'où jamais je n'ai chaviré, évidemment.

Derrière la demeure familiale, la rangée de chênes qui formait la lisière de la forêt était un autre terrain d'entraînement. Dès l'âge de six ans, j'essayais de parcourir la distance la plus longue en progressant d'arbre en arbre, sans toucher terre. Je connaissais tous les passages, et parfois, tel un Tarzan des banlieues, je devais prendre de l'élan, sauter d'un châtaignier à un orme en me raccrochant aux branches.

Plus tard, c'est vrai que j'ai aussi aimé vivre et monter dans le gréement. Une fascination très partagée. Lors d'une transat effectuée avec lui, Éric Tabarly m'a raconté qu'une fois il avait été invité sur le *Sedov*, un quatre-mâts de l'Académie navale de Russie. Là, sans autorisation, lui, le marin le plus connu du monde, avait grimpé en pirate au sommet du grand mât. Sans rien demander à personne, il avait escaladé les échelles de corde, jusqu'au poste de vigie. Avant de redescendre comme il était venu. Discret, peu bavard, sourire aux lèvres.

Cette fois, c'est donc à moi de le faire. Après avoir ralenti la vitesse du bateau, je veux me lancer une première fois. Je ne vais pas y arriver. À peine à la moitié des vingt-cinq mètres, je renonce, ça bouge trop, pas assez de prise, ça ne va pas, je redescends. Je suis surpris par la rugosité inattendue de mon espar. Il est tout noir comme le carbone qui le compose. Car, pour des questions de gain de poids et aussi d'adhérence lorsque j'y monte, je n'ai pas voulu qu'il soit peint. Cependant, sa surface brute et non traitée est très abrasive et me brûle les cuisses que mon short ne couvre pas. Je vais enfiler un pantalon, malgré la chaleur et le soleil qui frappe.

Mais je dois avant tout améliorer le système pour gagner la tête de mât, je mets le cap au portant pour calmer les mouvements du bateau. Et je remonte en utilisant trois jumards, autobloquants, accrochés au pied, à la main et à mon baudrier ; un matériel utilisé par les alpinistes et qui permet de se hisser le long d'un cordage, sans forcer. Je mettrai un long moment avant d'atteindre la tête de mât, et plusieurs heures à réparer. Une réparation provisoire, me dis-je. Je note sur un de mes précieux cahiers comment il va me falloir modifier tout ça, et que je vais devoir y retourner une seconde fois. Je ne le ferai jamais. Mais peu importe, j'oublie la fatigue et le sommeil en passant l'équateur. Je suis toujours en tête, je débouche une bouteille de champagne, je salue les fous de Bassan à pattes rouges et les pique-bœufs qui m'accompagnent dans ma migration, je mets de la Biafine sur les brûlures du soleil qui colore violemment mes avant-bras et mon visage. L'avenir m'appartient encore.

6

Battre un record

Il y a des fiertés que l'on n'a pas forcément envie de partager. Si ce n'est avec son bateau. Lors des dernières vingt-quatre heures, j'ai pulvérisé un record. Celui du plus grand nombre de milles parcourus en solitaire. Pulvérisé n'est peut-être pas le mot. Non, en fait j'ai abattu une barrière, celle des 400 milles. Une barre mythique. Et je suis d'autant plus impressionné que les conditions sont bonnes mais pas exceptionnelles. 420,6 milles donc. Et des poussières d'étoiles au fond de mes yeux.

Dans le sud, après l'anticyclone de Sainte-Hélène. Une bonne dépression, une vraie comme je les aime. Qui n'avance pas trop vite, d'ouest en est, et qui me laisse longtemps en position favorable, en avant du front froid. Très vite, en observant mon programme de routage et les moyennes qu'il affiche, je constate que j'avance plus vite que ce qu'il prévoit. Je mène une allure de braise, un peu moins de 18 nœuds de moyenne, mais sans inquiétude : je maîtrise bien ce genre de situation.

En avant de la dépression donc, avec une mer relativement plate, du vent de nord-ouest, pas de houle croisée mais un mouvement ample et favorable des vagues.

Lorsque je vois que je commence à aller vraiment vite, j'enregistre ma position, en me disant pourquoi pas. Jusqu'à maintenant, je n'avais pas la tête à ça. Là, je bascule, je me prends au jeu. L'esprit de compétition, le challenge du sportif, le désir de toujours faire mieux. Car il s'agit bien de la navigation en solitaire comme je l'aime. Pas forcément en permanence à la barre, avec les écoutes à portée de main. Non, au contraire, le bonheur est aussi dans la satisfaction de voir mon bateau fendre les vagues sous pilote intelligent. De le voir bondir et répondre aux sollicitations, de le sentir frémir comme un cheval au galop, de comprendre comment il s'affranchit de la main de Neptune pour glisser au-dessus des flots. Pour l'homme, la situation n'est pas trop fatigante. Physiquement, il n'y a ni virements de bords ni manœuvres de voiles. C'est sans doute pourquoi, une fois que je suis bien calé sur le tableau de marche qui devait m'amener aux 420 milles en vingt-quatre heures, je ne réduis pas la toile. J'aurais pu.

Je pense bien sûr au danger, je me le suis promis en partant, alors je m'attache systématiquement avec le harnais dès que je vais sur le pont. Le spectacle est bruyant, évidemment, les chocs aussi, nombreux lorsque *Aquitaine Innovations* heurte des vagues, le contraignant à des ralentissements parfois brutaux. Je sais que cela ne lui déplaît pas. Je pose parfois ma main sur lui, pour sentir les vibrations. La voile, c'est une activité sensuelle, malgré la vitesse, malgré le vent, malgré la mer. Les yeux fermés, je cherche toujours à décrypter son comportement, rien qu'aux sensations qu'il me procure. Je sais si le bateau gîte, s'il lofe, abat, s'il accélère, ralentit, s'il force dans la mer ou s'il passe en douceur. Sensations extrêmes, sensations physiques aussi. Nous touchons là au paradoxe de l'existence des marins. La voile est extrêmement complexe, tellement complexe que l'on ne sait pas encore en modéliser tous les éléments, quelle que soit la puissance de l'ordinateur. Faire avancer un bateau c'est, toute proportion gardée, plus compliqué que faire voler un avion. Parce que l'avion, lui, ne traverse finalement qu'un seul milieu, l'air. Là je navigue, ce qui veut dire que la coque est dans l'eau, que le mât et les voiles reçoivent l'aide de l'air, et que ces deux milieux s'entrechoquent et luttent presque l'un contre l'autre. L'interface, l'endroit où l'air et l'eau se rencontrent, n'a plus rien d'homogène. Et il ne le redevient qu'au-delà des vingt-cinq mètres de mât, qu'en deçà des quatre mètres cinquante de la quille. Alors, entre les reliefs importants créés par les vagues, et les mouvements du bateau qui résultent à la fois de la force du vent et des vagues, comment faire pour que tout cela avance à grande vitesse ? Une question d'alchimie sublime, d'instant magique, et peut-être, de savoir-faire du marin.

À l'extérieur en tout cas, l'humidité règne en maîtresse-femme. Plusieurs fois, lorsque je me rends au pied de mât, je me fais submerger par les vagues. Trempé jusqu'à l'os malgré mon ciré. Pour aller à l'étrave, autant oublier, je crois que même Tom Cruise aurait eu du mal, c'est mission impossible.

À un moment, je vais même tellement vite que je pense alors mettre la barre encore plus haut, que j'ai follement envie de continuer à voir les milles s'empiler dans l'armoire à record. 400, 410, 420. Jusqu'où pourra-t-on s'arrêter ? Je suis d'autant plus heureux que je me suis toujours demandé pourquoi les traîne-ferrailles de la Whitbread, cette course autour du monde avec escales et en équipage rebaptisée depuis Volvo Race, étaient parvenus à parcourir 449 milles en vingt-quatre heures. Alors que, même s'ils sont menés par de solides équipes de marins, ces gros 60 pieds sont presque deux fois plus lourds que nos bateaux de solitaires. Plus de 13 tonnes quand mon *Aquitaine Innovations* pointe à 8. Je suis d'autant plus heureux de démontrer la puissance de nos navires, et de prouver qu'un solitaire, en termes de vitesse et de distance, peut rivaliser sans honte avec un équipage surentraîné.

Trêve de jalousie. Le vent se met à adonner, je dois empanner pour rester sur le même bord, mais je n'avance plus aussi vite. Je n'irai pas plus loin que mes 420 milles, mais je m'en contente sans barguigner. Un record qui sera ensuite, mais c'est la loi, battu à deux reprises. Par Dominique Wavre d'abord avec 430,7 milles, puis par Bilou dans sa remontée de l'Atlantique. Avis aux amateurs : aujourd'hui, pour inscrire son nom sur la tablette dorée à l'or fin, il faudra parcourir plus de 435,3 milles.

Même rapidement gommée, la dimension planétaire d'un record, cette recherche de la performance et du challenge, et l'immense satisfaction qui remplit d'aise et de bonheur sont particulièrement importantes. C'est un nouveau record, et pour moi cela revêt la même importance qu'une première hivernale pour un alpiniste. Forcément, à cet instant, une fois certain d'avoir dépassé les fameux 400 milles, je ne peux m'empêcher de repenser à Gérard, mon ami, celui qui, avec Éric Tabarly, guide en frère, en maître, mon tour du monde. De là-haut, puisque lui aussi a disparu.

Gérard Chantriaux, mon vieux copain, je l'ai connu en 1982. À l'époque, j'exécutais mon service militaire. De manière amusante, à Pra-Loup, dans nos Alpes de Haute-Provence. Encore à mi-chemin entre mer et montagne puisque je faisais office de serveur dans un chalet appartenant à la Marine nationale. C'est là que l'on recevait les gars des porte-avions, lorsqu'ils quittaient leur navire pour se ressourcer à l'air pur. Après des mois passés dans le confinement de leur énorme bateau gris, véritable ville flottante, on sentait qu'ils en avaient un vrai besoin. Dans le chalet de Pra-Loup, en semaine, quatre-vingts personnes s'entassaient au pied des cimes pour aspirer la vie au grand air ; le week-end, c'était au tour du Ski-Club de Toulon de débarquer. Enfin, pour les vacances scolaires, nous recevions comme il se devait les femmes de gradés, leurs enfants, voire leurs relations. Gérard, lui, bossait déjà à Briançon. Après s'être connus au sein d'une école de deltaplane, à Die, dans la Drôme, nous avions sympathisé. Modestement, il m'avait confié qu'il grimpait. J'allais chez lui en perm', on partait en randonnée à skis, on faisait de la cascade de glace, du deltaplane. Puis un beau jour il m'a amené au pied d'une falaise.

Depuis mes premières expériences de grimpeur, j'avais acquis un bon niveau, mais j'étais encore à cent coudées derrière lui. J'ai levé les yeux, impressionné, sans distinguer beaucoup de prises. La verticalité ne m'a jamais fait peur, mais en l'occurrence cela m'apparaissait au-dessus de mon niveau. Seulement, je ne suis pas du genre, d'abord à le dire, ensuite à renâcler devant tous les types d'activité nécessitant sang-froid, agilité et montée d'adrénaline.

Je le suis, avide de monter, comme un chamois. En haut de la voie, Gérard me lâche le plus beau des compliments : « Dis donc, tu grimpes super bien. » Alors qu'il m'avait aidé dans toute la montée, me tractant avec la corde, une pratique pas vraiment usitée dans le monde de l'escalade ! C'est après que j'ai appris que non seulement Gérard était un guide de haute montagne, mais qu'il était aussi un des plus grands skieurs de pente raide, prêt à s'engager dans des difficultés techniques dont personne n'osait envisager la faisabilité. Le voilà donc au Pérou, au pied de l'Artesonjaru. Patrick Valençan, autre skieur de l'extrême, vient de descendre la face sud-est, alors Gérard choisit un autre parcours. Par la face sud-ouest. Arrivé en haut, il chausse ses skis, puis entreprend la descente. Il y a au milieu de la pente, déjà très raide, non seulement de l'excellente neige, mais surtout un passage de vingt mètres dont on peut constater sans mentir qu'il est pratiquement vertical, suivi d'une pente à nouveau très très raide, mais skiable. Une folie pour tout le monde, mais un chemin possible pour Gérard. Qui se laisse tomber sur les vingt mètres de vide, avant de se rattraper sur la pente raide. J'aimerais me renseigner aujourd'hui, pour savoir si quelqu'un d'autre a refait cette descente à skis. Ou si Gérard a réalisé là une première que personne n'est parvenu depuis à rééditer. Ce qui ne m'étonnerait pas.

Ce jour-là, il y a au bas de la montagne une barre de nuages qui empêche une équipe espagnole de grimper par la face sud-ouest. Depuis quinze jours, l'expédition tente de monter, mais bute systématiquement sur la portion du mur de neige vertical. Et voilà que, telle une apparition, ils voient arriver un gars, à skis, à leur camp de base. Gérard. Ils le hèlent. « D'où venez-vous *amigo* ? » « Ben j'ai descendu la face » répond l'ami. Les Espagnols se mettent à tousser, puis à rire aux éclats : « Non, non ce n'est pas possible, nous on essaie de l'escalader et déjà on n'y arrive pas. » Gérard a beau leur rétorquer que « si, si je vous assure », il passe pour un fou, un mythomane, un dingue. Le lendemain matin, après l'avoir invité à dîner et à dormir, les Espagnols se réveillent sous un grand soleil, et aperçoivent bel et bien des traces de skis dans la face qu'ils convoitent depuis des jours sans qu'elle accepte de leur céder le passage. Là, d'un coup d'un seul, le statut de Gérard passe d'imposteur à celui de grand sorcier des sommets, de personnage hors du commun. C'était Gérard : quelqu'un qui allait vraiment au fond des choses, avec une assurance discrète et inflexible, qui ne faisait pas de concession à la qualité, à la vie, à lui-même. À bord de mon bateau, c'est Gérard qui a dessiné, puisque c'est son second métier, ou son métier principal, je ne sais plus, c'est lui qui a dessiné et conçu les émerillons de l'enrouleur que j'avais commencé à réaliser avec un bureau d'études. Ça n'allait pas du tout, alors il a pris les choses en main. Dessinateur-projeteur, joli nom pour une profession, dessiner, faire des projets. Il travaillait chez Pechiney, responsable du bureau d'études d'une filiale. Il s'est tué en parapente, au mois de septembre, juste avant le départ du Vendée Globe. La blessure en moi est toujours ouverte, profonde, aussi profonde que la disparition d'Éric.

Avec Isabelle, nous sommes toujours très proches de Marie-Jo, la femme de Gérard, et de leurs deux filles, Vanessa, treize ans, et Cyrielle, huit ans. Très proches, parce que c'est aussi grâce à Gérard et Marie-Jo qu'Isa et moi nous nous sommes connus. Au moment où j'en terminais avec mes obligations militaires.

Dans les moments où physiquement j'ai besoin de l'énergie, c'est là que je sens la présence de Gérard, c'est là qu'il accepte encore de m'aider, de me soutenir, de me gratifier de sa confiance diffuse, comme un halo sacré. Je me souviens des randonnées à peau de phoque qu'on a faites ensemble, où lui partait en « petite foulée » tandis que je tirais la langue derrière. Mais je m'accrochais, j'avais le sentiment de donner le meilleur de moi, de lui offrir toute mon énergie, comme il me la rendait pendant la course. C'est aussi dans cet état d'esprit que je suis parti, que je dispute ce Vendée Globe, c'est à Gérard que je pense quand je hisse une voile, quand je borde une écoute de toutes mes forces. Et c'est lui qui me vient en aide lorsque l'envie, la force, la puissance me manquent parfois. C'est à lui que je dédie ce record de distance. Moi ? J'ai simplement été le premier à faire tomber le mur des 400 milles et à cette heure, où tout va vite, dans ma tête et sur l'eau, j'espère toujours être le premier à détruire un autre mythe, celui du tour du monde en moins de cent jours. Avec Gérard à mes côtés.

7

Tout le monde fait des erreurs

Ainsi m'a-t-on surnommé : l'extraterrestre. Parce qu'une fois j'ai déposé ceux qui me poursuivaient en prenant une option météo incroyable, que j'avais décelée mais que personne n'avait su détecter ou n'avait eu le courage de suivre. Une course du *Figaro* donc, plusieurs étapes, en solitaire, avec pour tous les mêmes monotypes. J'avais par conséquent remporté la première étape, à Kinsale, après un sale hiver de doute et de remise en question. Puis la deuxième à Concarneau. La troisième nous emmenait vers Gijón, en Espagne. Plaisante perspective quand, la nuit après le départ, les ennuis débutent. Mon pilote automatique tombe en rade, j'essaie immédiatement de le réparer, je n'y parviens pas. J'installe un pilote de secours, je m'accroche à la barre, je ne dors pas et me retrouve en tête de la course en fin de matinée. C'est le moment de commencer à me creuser les méninges question météo. Je hume l'air, regarde mes cartes, scrute le ciel, il me semble distinguer un énorme trou bleu devant moi, au loin. Je sens aussi le vent qui baisse, comprends qu'on va tous direct dans les calmes qui tissent leur piège de glu et de mollesse. Je suis un peu en avance sur les autres et décide alors de virer de bord, pour partir à la perpendiculaire de la route directe.

Ce nouveau cap me fait passer derrière certains de mes poursuivants, qui doivent alors se dire que j'ai pété un plomb, ou que je me suis endormi, ivre de fatigue, sur ma couchette. Impossible, pourtant : Lionel Péan, skipper de talent pour lequel j'ai plein d'admiration, me regarde sillonner la mer, frais comme un gardon, sérieux et concentré comme un pape, à la barre de mon bateau. Il cogite, vire de bord et me suit pendant un mille. Que se dit-il à ce moment ? Que je suis fou ? Que je fais n'importe quoi ? Qui sait ? En tout cas, il rebrousse chemin. Moi-même, j'hésite alors, le vent tarde à basculer, je m'interroge sur la justesse de mes choix. Et puis, tandis que les autres vont gaillardement s'épuiser dans un trou sans souffle, je sens que ça revient, je suis à la limite de la bulle vide dans laquelle mes adversaires se jettent tête baissée et bénéficie de vents constants qui, s'ils allongent ma route, restent assez bien élevés pour m'autoriser à larguer en les contournant tous les concurrents. L'étape est gagnée, la course le sera un peu plus tard.

À la VHF, Lionel Péan, très bon marin et très beau joueur, admettra joliment le coup du sort : « C'est normal, Yves a un petit doigt d'extraterrestre. » Ainsi naissent les surnoms, celui-ci me suivra fort longtemps. Je ne m'en suis jamais plaint. D'abord, parce que le qualificatif me plaît, ensuite, parce que je suis aussi fasciné par les vies possibles en dehors de nos galaxies. N'ai-je pas, à bord de mon *Aquitaine Innovations*, le logo de la sonde Pioneer, partie en 1972 au-delà de notre univers, porteuse en son sein d'un message des humains pour d'autres civilisations, d'autres planètes éventuellement habitées ? En deux cent cinquante-six langues et sur une quantité de supports différents. Un objet fabuleux que l'homme a conçu et construit et qui se trouve aujourd'hui à la fois le plus éloigné de la Terre et le plus rapide jamais lancé par l'homme. En des espaces plus vierges encore que ces mers sur lesquelles je trace mes routes.

Pour ce qui est de mes connaissances météo, comme beaucoup d'apprentis marins, au début, j'ai compulsé frénétiquement le cours des Glénan, cette bible du navigateur, ce livre de chevet. Je l'ai lu comme on dévore un roman de plage, à de nombreuses reprises et chaque fois avec un nouveau niveau de compréhension, au fur et à mesure que je progressais en navigation. Sinon, je m'inventais des exercices, depuis la fenêtre de ma chambre, calculant des positions avec ma règle de cras et mon compas, apprenant à manier le sextant au-dessus d'une assiette remplie de flotte. Exposée sud, ma petite pièce se révélait parfaite. De même qu'en haut de mes arbres, derrière la maison, j'essayais d'analyser les courants d'ouest, en découpant les cartes météo du journal *Le Monde* que lisait mon père, en suivant l'apparition annoncée des fronts froids, les fluctuations du baromètre. Je vivais tout cela avec un plaisir et une voracité d'enfant. Le défilement du temps, des nuages, des pluies et des vents.

J'ai progressé ensuite en m'immergeant dans le *Mayençon*, du nom de cet ingénieur de Météo-France qui explique la météo marine de manière plus précise, plus costaude aussi, que le bouquin des Glénan. Plus tard, je me pencherai sur l'étude des premières photos satellite, sur les *pilot-charts*, ces cartes statistiques des observations météo faites par les bateaux zone par zone, délaissées pourtant par les autres navigateurs. J'ai mis au point une méthode personnelle pour les exploiter, même si, au début, on me traitait de haut. Longtemps, cependant, je demeurerai le seul à me préoccuper de météo. Aujourd'hui, tout cela a bien changé. Nous avons tous effectué nos stages à Météo-France, chez Jean-Yves Bernot, Pierre Lasnier, ou Louis Bodin, ces mages de la connaissance du temps qu'il va faire. Et la marge s'est sensiblement réduite. Un Desjoyeaux, un Jourdain, une MacArthur se sont aguerris pareillement aux subtilités des champs de vent et à leurs évolutions.

Là, dans ce grand Sud où je suis déjà passé à deux reprises, une fois doublé le cap de Bonne-Espérance, j'ai choisi la route directe, celle qui devrait me permettre de creuser encore l'écart sur mes deux poursuivants, Michel Desjoyeaux et Roland Jourdain, qui ont apparemment choisi de rester plus au nord que moi. Aujourd'hui, cependant, en ce 9 décembre, j'ai l'impression que l'exception a décidé de confirmer la règle.

Peu de vent, alors que d'habitude, sous ces latitudes, il est établi et fort. Comme il l'a été les jours précédents. Comme il l'était en m'autorisant à battre le record de vitesse sur vingt-quatre heures. Ici, plus rien, comme si personne n'était au bout du fil, comme si la forge d'Éole avait décidé de suspendre les mouvements de son puissant soufflet. Je sais bien que ce ne sont pas les vingt-quatre heures de mon record qui compteront à l'arrivée, non, ce qui est primordial, c'est la moyenne que je parviendrai à soutenir jusqu'au retour aux Sables. Or, aujourd'hui, cette moyenne est en berne. Pas un bon jour vraiment, vent évanescent, mer résiduelle, houle d'ouest, de la neige depuis vingt-quatre heures, des icebergs peut-être un peu plus bas, ou des *growlers*, ces morceaux de glace qui sont le cauchemar du solitaire, puisque les radars ne les détectent pas.

Contrairement à ce qu'on peut penser, je ne dors pas plus, parce que, encore une fois, ce sont des conditions où il est particulièrement difficile de se reposer. Quand les conditions varient ou sont peu établies, il faut en permanence procéder à des réglages, soit de voile, soit de pilote. Chômer est une activité rare sur mon bateau, et dormir est à peine toléré. Je me suis juste autorisé une longue sieste d'une heure et demie tout à l'heure, mais en sachant que ce serait au détriment de la vitesse. À part ça, je n'ai pas fermé l'œil depuis plus de vingt-quatre heures pour pouvoir faire avancer mon monocoque et essayer de rattraper la veine de vent qui est devant moi et qui s'en va. Je ne suis plus qu'un chercheur de vent en panne.

En fait, je vais constater à mes dépens, en étudiant les fichiers météo que je reçois plusieurs fois par jour, que la dépression que je recherchais a choisi de monter vers le nord. Question prévisions, il faut savoir que quatre organismes météo sont habilités par l'organisation de course à fournir les informations aux marins. Et que chacun, en fonction de son budget ou de ses affinités, choisit celui ou ceux qui lui conviennent le mieux.

Personnellement, je reçois donc des fichiers de vent bruts de sortie de modèles que me fournissent Météo-France et Windsat, mais certains concurrents obtiennent des fichiers déjà retravaillés par un météorologue, ce que j'estime être limite par rapport au règlement. Parce que je considère qu'à partir du moment où quelqu'un intervient sur un fichier avant de le faire parvenir aux navigateurs, c'est une forme de routage, pratique interdite dans la course. J'en fais surtout une question d'honneur, car avec les moyens de télécommunication modernes, tout est techniquement possible, et indétectable.

Visiblement en tout cas, nous n'avons pas tous eu les mêmes informations, ce qui explique sans doute pourquoi Desjoyeaux et Jourdain n'ont pas fait la même erreur que moi. D'après mes fichiers météo et les vents qu'ils indiquaient, je pensais avoir la possibilité de faire route directe. Car, dans le Sud, on considère en effet que, tant que les vents sont portants, il vaut toujours mieux prendre la route directe pour se rapprocher du but.

C'est ce que j'avais mitonné dans mon esprit. Mais, en même temps, l'autre règle de base stipule qu'il faut éviter à tout prix de se retrouver au sud d'une dépression où règnent des vents contraires. Ce qui vient de m'arriver. Je m'en veux atrocement. J'avais estimé pouvoir passer avant la dépression, mais, comme elle est allée plus vite que prévu, elle m'a enfermé dans ses filets ralentisseurs. Foutu cercle vicieux ! Mes fichiers météo m'annonçaient un vent suffisant pour avancer ; il n'était pas au rendez-vous et ma vitesse a donc baissé, la dépression a avancé et m'a rattrapé, me ralentissant plus encore. C'est très dur à admettre.

Je m'inquiète de cet engrenage négatif. Plus le vent mollit, plus je ralentis ; plus je ralentis, plus le calme s'occupe de me retenir. Je découvre une situation météo qui m'était inconnue jusqu'alors. Cette année, le couloir des vents d'ouest passe très au nord et, au sud, plutôt que du vent d'est fort avec des bascules franches, il n'y a plus de vent, mais une mer formée qui empêche le bateau de démarrer au moindre souffle.

Progressivement, le calme a posé sa main de fer. M'a enchaîné, emprisonné, paralysé. Immobile, je reste impuissant...

J'ai fait une erreur, et je m'entête, refusant de reconnaître ma bêtise. Je vais mettre longtemps avant de me décider à repartir à 80° de ma route initiale. C'est avouer ma défaite. Même s'il est vrai que le marin doit avoir de la constance dans sa route et ne pas changer ses plans à chaque caprice d'Éole.

Il faut néanmoins que je remonte en latitude, que je chasse les vents qui passent au-dessus de moi. J'ai l'impression d'avoir tout perdu. Mon avance d'abord, la course ensuite.

Le reste n'est plus que lutte. Mais je vois Mich' et Bilou, plus au nord, bénéficiant de vents favorables qui les éloignent de moi et les rapprochent du but. Je vais passer plusieurs jours à m'interroger, à tenter de trouver des solutions. J'enrage. Une première fois, donc, je vais faire route vers le nord, mettant un bâillon sur mes choix initiaux. J'aurais parfois un peu de vent, souvent du froid et de la neige. Au près, barré par le pilote, j'essaie de récupérer des instants de sommeil, allant même, une nuit, à dormir deux fois deux heures. Ce qui est beaucoup, il faut l'avouer. Le cauchemar dure, mais pour combien de temps ? Je n'en peux plus de cette succession de peines et de désespoirs réfrigérants. Une autre fois, de manière incongrue, je rencontre une tempête. Une nuit, 55 nœuds de vent, au portant, limite pour manœuvrer, trempé jusqu'au tréfonds de l'âme, je m'exclame : « Ça y est, c'est reparti ! » Pas de houle pourtant, pas de repère. Je sens la puissance extraordinaire du vent dans mes voiles, mais la mer est étrangement calme, comme si Éole conduisait un rouleau compresseur pour aplanir les vagues.

J'en ai marre de ces situations paradoxales dans ce grand Sud qui, s'il n'est pas excessivement violent, sort de bien surprenantes cartes. Après mes efforts, j'ai rattrapé l'autoroute de vents d'ouest, la tempête s'est enfin calmée, et j'envoie le spi. Je descends sur des bords de grand largue. Mais je dois à nouveau empanner et faire route vers le sud-est. Quand les vents me quittent à nouveau, je suis dans la position du conducteur qui est sorti de l'autoroute. Je subis encore, je ne sais pas trop quoi faire. Comme si le vent me forçait à prendre la bretelle pour quitter la voie rapide, me contraignait à passer le péage et à rejoindre des petites routes.

En attendant, les jours sont longs, le soleil se lève vers minuit après cinq heures de disparition de l'autre côté de la Terre ; et moi qui soigne mes mains entamées par le sel, le froid et les cordages, malgré les gants et les précautions que je prends. Et moi qui mange de bon appétit, et moi qui prends des vitamines en même temps que des coups au moral,

Mon moral ? Il vadrouille comme un militaire en goguette, des jours avec, des jours sans, au gré du vent, de ma vitesse et des conditions météo qui ne cessent de jouer à cache-cache. Je reviens parfois sur les deux leaders, mais, juste après, l'élastique se retend entre eux et moi. Au nord du cinquantième, nouvelle pétole, rien n'est limpide, la prochaine dépression est toujours plus nord, la complexité de la situation m'étonne. Je suis surpris par les calmes et par la désorganisation des éléments météo. Où est mon costume d'extraterrestre ? Les minimums dépressionnaires sont partout, c'est assez exceptionnel. Il y a huit ans, avec mon *Cacolac-d'Aquitaine*, j'étais au même endroit. En regardant ma vieille carte, je constate qu'alors je marchais à 14 nœuds et que j'avais mis deux jours pour atteindre l'île Heard. Cette fois-ci, en quatre jours, je ne suis même pas sûr d'y arriver !

Chaque jour, il y a ici une dépression qui passe. Et moi, comme un bouchon entre deux mâchoires, comme un ballot entre ces deux dépressions qui se suivent, au calme. Avec simplement mon mât qui fait comme un essuie-glace, mes voiles qui claquent comme si elles avaient faim, mon spi qui se dégonfle comme une baudruche vide, à tel point que j'ai parfois peur de le voir se déchirer sur mes barres de flèche. Il y a une vraie douleur à constater, mental ballant, que je ne profite jamais du même système météo pendant douze heures de suite. Donc, que je ne sais dans quelle direction m'enfoncer. Au sud, au nord ? Je me souviens de ce grand Sud où d'habitude, posé au-dessus de la dépression, j'avançais comme un avion. Là, il faudra un jour que je débriefe. La mer habituellement mauvaise, les vents abominables, devenus bizarrement pétole et mer-miroir. Et la houle qui me dépasse, et le bateau bloqué par les méchants désirs de l'océan. Quand, devant, ils arrivent à aller très vite. J'enrage de voir *PRB* et *Sill* enchaîner le passage des dépressions pour engraisser l'avance qu'ils ont sur moi. L'écart représente désormais bien plus qu'une bonne journée ; derrière, les autres se rapprochent aussi.

Mon matériel morfle, ma souffrance est tout autre. Ai-je à ce moment-là le sentiment d'avoir définitivement perdu la course ? Oui, mais sans déprime, comme une inéluctable fatalité. Le coup est pourtant sévère, dévastateur. À en oublier même la longueur de l'épreuve, à être incapable de me dire qu'il reste encore des dizaines de jours en mer, des dizaines de possibilités de faire des choix, des dizaines d'opportunités pour refaire mon retard sur les deux leaders.

8

Rallumer la chaudière

Et puis, un beau jour, j'en ai fini avec les tracas et les absences injustifiées du vent. Je reprends de la vitesse, beaucoup de vitesse. De cette vitesse qui, quand elle est tellement forte, tellement séduisante, me rend tendu, me donne chaud, me rappelle aussi que la glisse d'un bateau sur l'eau est une vision magnifique. L'impression de voler n'est pas feinte, le plaisir que prend mon bateau est probablement l'égal du mien, la course redevient une priorité.

Je viens de passer les Kerguelen, en ayant une pensée pour mon père qui s'y est rendu, ainsi qu'en terre Adélie, pour aller mesurer les rayons gamma. Je ne les vois pas, les îles, je les imagine, bouts de terre posés en sentinelles, en surveillantes immobiles des trop rares bateaux qui sont descendus aussi bas. Il fait beau pourtant, les oiseaux m'accompagnent. Et j'ai avec eux l'impression de fondre sur les deux leaders, de porter ma renaissance en sautoir. Tout en savourant cette place de poursuivant, tandis que Mich' Desj se plaint au contraire d'être en tête, seul contre tous avec, devant lui, le vide de l'océan... Et moi, le 14 décembre, derrière à 404 milles.

À ces grandes vitesses, mon *Aquitaine Innovations* est toujours au planning. Planer, un mot tellement aérien qu'il en devient presque mystérieux. Bien sûr, le bateau va un peu moins vite que la grosse houle, mais la portance dynamique de la coque l'autorise à se comporter comme un ski nautique. C'est un peu technique et il faut dépasser le principe énoncé par ce grand savant d'Archimède, une histoire d'angle d'attaque du bateau sur l'eau, de forme de carène et de la réaction de l'eau lorsque la coque arrive dessus. Toute cette composition et bien d'autres paramètres, évidemment, expliquent les faramineuses vitesses enregistrées, depuis que j'ai retouché du vent, depuis que, sévèrement toilé, je refais mon retard sur les deux. J'allume donc, comme un malade, quand le vent se met à baisser légèrement, quand le front commence à s'éloigner. Bêtement, inconsciemment, imprudemment, je déroule la totalité de mon génois en plus de ma trinquette et de ma grand-voile arisée. À la fois pour coller à mon programme de routage et aussi pour revenir sur Desjoyeaux et Jourdain. Je sens bien que je peux les reprendre dans cette dépression, car je suis mieux placé qu'eux et vais plus vite, d'autant que nous sommes maintenant tous les trois dans le même système météo. Encore un peu d'effort, me dis-je, et je reprends la tête.

Je suis bien, je ne pense pas avoir fait de faute en renvoyant de la toile. Cela correspond parfaitement à ma stratégie. A posteriori, il est facile de laisser entendre que j'aurais peut-être dû raisonner différemment, que Les Sables étaient encore loin et la route encore longue. Mais à ce moment-là, occupé à gommer mon retard sur les premiers, je fais un nœud de chaise à ma philosophie, j'enterre ma stratégie initiale de prudence maintenue et de respect des principes. Je ne pense plus qu'à cela. Jusqu'à l'obsession.

Question sommeil, je me rends compte que je peux tout à fait tenir le rythme d'une transat. J'ai en effet appris à m'assoupir comme je l'entends, à tomber immédiatement dans ce sommeil profond, celui que l'on a au troisième stade du cycle, puis au quatrième, le seul qui permette de récupérer. Je me repose six fois vingt minutes par jour, dans un état dit de dette de sommeil, en m'endormant chaque fois grâce à des exercices de relaxation, en respirant profondément par le ventre, en détendant mes muscles. Il suffit de partir du front et de commander à chaque muscle de se relâcher ; j'ai appris tout cela avec un médecin-psychiatre de Bordeaux, le docteur Lux. En une dizaine de secondes, je suis détendu, je ressens tous les symptômes de l'homme qui s'endort, la chaleur qui monte, un amollissement de tout mon être, le corps qui me paraît devenir étrangement lourd. La méthode est également parfaite pour lutter contre le froid, ou contre l'angoisse et le stress, je l'utilise même avant de prendre l'avion. Depuis que je l'emploie, depuis le premier Vendée Globe en fait, je suis devenu de plus en plus exigeant ; maintenant, je n'ai besoin que de une à deux minutes pour tomber au stade 3 ou 4, alors qu'un sujet normal met une heure vingt pour commencer son cycle de sommeil profond. Grâce à cette maîtrise de l'endormissement et de la relaxation, ma période de sommeil profond est aussi longue que celle de l'individu moyen, même si parfois, en cas de vraie fatigue, j'ai un peu de mal à entendre la sonnerie du réveil.

Question nourriture, c'est pareil, je suis parti des Sables-d'Olonne avec trois kilos de surplus autour du ventre, et je surveille doucement la balance. Pour l'instant, elle refuse de baisser en dessous de mon poids de forme, 75 kilos. Il faut avouer que jusqu'alors, j'ai bien mangé, pas tout à fait comme un boulimique, non, mais je suis plutôt du genre à grignoter sans arrêt. Voire sans restriction.

C'est la première fois que je mange autant et ce, depuis le début de la course. À partir des Canaries, j'ai même dévoré une bonne partie de mes provisions. Cela dit, rien ne m'inquiète : dans les réserves de lyophilisés, de céréales, de chocolat, de soupes, j'ai de quoi tenir cent jours. Pas plus. Mais il vaut mieux consommer davantage au début, ça allège.

Non, ce qui m'ennuie vraiment depuis que je navigue dans le Sud, c'est l'état de ma cheville, enflée. Et de mon pied, insensible. Compliqué, notamment lorsque je me repose. Une fois ma jambe droite soulevée pour favoriser la circulation du sang, si je mets le pied dans le duvet, il fait trop chaud et l'engourdissement le gagne ; si, au contraire, je le laisse dehors par le bas de la fermeture Éclair, il fait trop froid, et il gèle par les orteils. En fonction de la température, de l'état de mes chaussettes, parce qu'il faut que je les touche pour savoir si elles sont humides ou sèches, je tente donc de trouver la meilleure solution. Le pied dans le sac de couchage, légèrement entrouvert par le fond. Un bas de contention parfois aussi pour ne pas gêner le lent mouvement de mon sang vers les extrémités du corps. La journée, j'enfile des chaussures, ou des bottes, de tailles différentes. La gauche pointe un traditionnel 43, la droite monte au 45.

Mais à part ça, madame la marquise, tout va très bien, tout va très bien. J'aime sentir le bateau monter et descendre lorsque la grosse houle déroule ses amples mouvements que rien, dans ces océans sans barrière, ne peut arrêter. Une vie en trois dimensions dont l'une est vraiment impressionnante : la houle ici atteint parfois des hauteurs de quinze mètres, voire vingt dans les conditions extrêmes, et une vitesse de 40 nœuds. Lorsque le bateau atteint des vitesses qui s'en rapprochent, cela veut dire qu'il reste plus longtemps sur la pente de la vague, qu'il s'en sert, l'utilise pour accélérer. Une fois, je frôlerai les 30 nœuds, en pointe, en surf.

Naviguer à ces vitesses procure une jouissance qu'il est malaisé d'imaginer pour qui n'y a pas goûté. Par moments, j'ai le sentiment de glisser à ski sur une neige liquide ; par moments, je dois le reconnaître, je me crois aussi en train de pratiquer le canyoning. Quand je passe sous les flots, c'est une impression de cascade violente et continue qui s'abat sur mes épaules et sur le pont du bateau. Je suis bien sûr un peu fatigué, très mouillé, et extrêmement heureux. Quant à ma motivation, elle me paraît désormais en acier. Inoxydable.

Je suis sous pilote, car barrer un bateau comme le mien à ces vitesses, c'est dangereux. En équipage, par exemple, je me méfie beaucoup lorsqu'il s'agit de barrer. Ce n'est pas une question de confiance, c'est parce que si mon *Aquitaine Innovations* se barre en finesse avec deux doigts, en cas d'embardée, il requiert une force peu commune. Le pilote automatique et son vérin ne se laissent pas entraîner par la barre, l'humain, si. Lors de la dernière Course de l'Europe, nous fonctionnions ainsi, avec un barreur et deux autres marins à ses côtés, prêts à intervenir pour lutter contre la pression de l'eau sur les safrans au cas où le bateau se mettrait en travers. D'autant qu'en général, par vent fort et établi, le ballast arrière au vent est rempli, pour que le centre de gravité soit derrière le centre de dérive. Mais si l'avantage est indéniable, puisque le dispositif allège l'avant du navire et lui permet de planer sur la vague, de surfer plus facilement, il a aussi son revers : compte tenu de l'inertie du bateau, importante à cause de la vitesse élevée, si le barreur lâche le manche, le bateau part immédiatement en tête-à-queue sans que rien ni personne ne puisse lutter contre. Le pilote automatique, lui, ne bronche pas. Pas de faiblesse, pas d'états d'âme, pas de fringale inopportune, pas de déséquilibre, pas de questions existentielles.

En attendant, je n'ai qu'une envie, qu'une volonté, que cet état de grâce dure jusqu'à la fin des temps, ou jusqu'aux Sables, ou jusqu'au Horn. Une forme de fantasme de marin en train de renaître. Avec, en même temps, la certitude qu'il faut conserver la tête froide, écouter, regarder, sentir. Pour ne pas avoir l'impression d'user le bateau, de le maltraiter, pour ne rien casser. Un petit cil en travers de l'œil comme une alerte perpétuelle, le regard acéré pour ne rien manquer, une drisse qui gêne, un élément qui gémit, une voile qui fatigue.

Vite, toujours plus vite. Mon bateau lancé à la poursuite de deux diables qui le précèdent encore, je passe 10° de longitude par jour. À ce rythme, les milles défilent comme à la Foire du Trône. Si cela se confirme, si l'homme et le bateau tiennent bon, j'envisage le passage du cap Horn dans trois semaines. Ou plutôt dans vingt-deux jours, l'euphorie n'empêche pas le marin d'être précis. Nous sommes le 17 décembre, et je suis revenu à 127 milles de Michel Desjoyeaux, à peine une dizaine d'heures devant, à moins de temps encore de Roland Jourdain.

À l'unisson, *Aquitaine Innovations* profite de la dépression qui est passée très près de nous pour augmenter encore ses moyennes. Je suis dans un rêve, j'ai oublié mes déboires et ces calmes maudits qui m'ont englué trop longtemps. Je rattrape mon retard. J'ai envie de chanter. Sans savoir que bientôt les paroles de ma chanson seront plus noires que mes nuits.

J'avais calculé le moment où le vent tournerait, où il me faudrait empanner. C'est fait. Je suis sur un grand bord, tribord amure, le soleil m'a quitté, la lune l'a remplacé. Impeccable, le souffle a molli, je déroule complètement mon génois. Tout baigne, lorsque le moteur de mon pilote semble donner des signes de lassitude. J'entends des bruits de pignonnerie, légèrement inquiétants. Je bascule immédiatement sur mon autre pilote, tout ce qu'il y a de standard, moins fin barreur, mais le moment n'est pas à la rigolade ni aux atermoiements. Et je pars à l'arrière du bateau pour démonter tout de suite l'élément malade, ce qui requiert une certaine gymnastique qui n'a rien d'intellectuelle.

J'ai ma lampe frontale, ma clé à molette, un tournevis, une clé de 17 et une de 19 pour opérer mon pilote.

Je démonte le vérin, dévisse les petits dominos électriques, mais, pendant que je travaille, mon second pilote, malhabile, n'arrive pas à contrôler la course d'*Aquitaine Innovations*. Néanmoins, pour l'heure, tout va encore bien. Soudain, alors que, muni de mes outils, je me suis glissé dans le petit espace disponible, une accélération centrifuge, un mouvement de contregîte très sensible. Du bruit, par-dessus tout. C'est l'empannage intempestif, la grand-voile part à contre dans la bastaque, le bateau se couche sur le flanc en cassant quelques lattes. Je sors de ma cachette, me précipite comme je peux, je ne touche pas au pilote, choque juste la bastaque et l'écoute de grand-voile, le monocoque se relève et repart. Je comprends très vite que le pilote va le faire empanner à nouveau. Je reprends un peu d'écoute de grand-voile au winch, je me prépare, prends mon écoute à deux mains, mais, quand la bôme passe au-dessus de ma tête, je suis déséquilibré, je tombe sur le cul, ne peux rien border de l'écoute, au contraire, alors que j'aurais dû en prendre trois mètres. Impossible. Le bateau part à grande vitesse, ralentit dans la vague, qu'il rattrape, et se plante dedans. Dans la décélération, blang! un bruit inoubliable, reconnaissable entre mille. Avec un long écho derrière. Un bruit immonde, à la fois très sec et très musical lorsque le carbone explose. Je n'ai pas le temps de me redresser que le mât est par terre. J'ouvre grands mes yeux pour en avoir la misérable confirmation. Je vois un bout de mât intact qui monte piteusement vers le ciel, la grand-voile repliée sur une pièce branlante de ce même mât, et le reste à l'eau.

Agir, vite et malgré tout. Je libère le pilote, je braque pour que le bateau tourne et se positionne sous le vent du gréement abattu. Des bruits abominables et cauchemardesques continuent d'accompagner mes opérations. Toute la partie dans l'eau, le haut du mât donc, fait ancre flottante, mais, à chaque mouvement des vagues, l'ensemble vient heurter la coque d'*Aquitaine Innovations*. Des tensions énormes, des heurts violents que le navire n'a pas pour habitude d'encaisser, et contre lesquels je sais qu'il ne résistera pas longtemps. J'observe mon bateau mutilé comme un malade regarderait un chirurgien en train de le charcuter. Torture mentale, presque au ralenti. Il a fallu trois secondes pour que tout s'écroule, et un quart d'heure pour faire tourner le monocoque. Ne pas réfléchir, agir, vite et bien. Mais avant, libérer la soupape, hurler ma détresse. Un cri de bête, dans le vent. Les albatros qui l'ont entendu doivent encore s'en souvenir. Puis je descends à l'intérieur, m'équipe, je mets le harnais, saisis la pince multiprise, mon couteau et mon *leatherman*, et je me dis « Maintenant, fais vraiment gaffe à toi. » Je repense à mon doigt déchiqueté lors de mon dématage dans la transat 96. Un boulot triste m'attend. Dans le même instant, je songe que je vais bien, que je n'ai pas besoin d'assistance.

9

Ne pas s'effondrer

Il y a des interrogations muettes qui valent bien des discours, des silences entendus comme des déflagrations, des regards qui quémandent des explications comme un enfant des précisions sur les choses de la vie. Beaucoup de gens me posent, m'ont posé, me poseront la question : Pourquoi suis-je reparti ? Pourquoi ai-je continué ? Vaste question au premier abord. Mais réponse si simple. D'abord, je me suis toujours dit qu'avant d'appuyer sur une balise de détresse pour alerter les secours, ou avant d'abandonner une course, je devrais y réfléchir à deux fois. De même qu'au moment d'un accident il ne faut jamais prendre de décision hâtive, mais au contraire agir. Donc, immédiatement après le démâtage, mes premiers gestes, mes premiers réflexes sont pour le bateau. Je suis dans l'action, la gorge serrée, mais sans ressentir encore d'émotions fortes.

Lorsque je m'aperçois des dommages causés, je reste surtout sous le choc du chantier qui m'attend. Trop dur à réaliser, et je n'en ai pas envie. Le bateau est en train de s'abîmer plus encore, je ne pense qu'à lui, n'en ai que pour lui. Le protéger contre les coups de boutoir du mât brisé en trois, tandis que les haubans et les voiles se tendent à chaque vague, détruisant tout sur leur passage, récupérer le maximum de matériel. Partout des bouts de carbone cassé, partout des choses qui bougent, indéfinissables dans la nuit. Une atmosphère de fin du monde et des conditions devenues mauvaises. Le front est passé, la mer est forte et croisée, la houle est haute, méchante, le vent atteint force 7.

Je ne sais pas par quoi attaquer. Il ne me reste en place qu'un moignon de douze mètres, duquel pend un morceau intermédiaire de cinq mètres environ, battant dans le vide, tandis que la partie supérieure est dans l'eau. M'occuper de la grand-voile, d'abord. Je me rends compte très vite qu'il faut que je chasse l'axe de la têtière, fixé au morceau intermédiaire, car le mât fait le yoyo dans les airs et heurte le pont à chaque fois. L'impact est douloureux à mes oreilles et il me semble entendre les plaintes du bateau, le mouvement plus terrible encore, puisqu'il casse le roof, juste sous le hublot, mais balaie aussi les panneaux solaires et fait un trou gros comme le poing dans le pont. Malgré mes efforts, je ne réussis pas à enlever la goupille. Tant pis, je m'en mordrai les doigts plus tard, je coupe mes sangles de têtière, je démonte des chariots de lattes, je tranche aussi les transfilages en élastique. Après une bonne heure de travail, ma grand-voile est enfin indépendante, je peux la rabanter sur la bôme. Je remonte maintenant la trinquette, j'amarre comme je peux la partie qui fait le yoyo et m'attelle à récupérer le long bout de mât qui est dans l'eau. Pour cela, il faut que je monte installer une drisse à sept mètres et demi. Je grimpe prudemment, ma frontale, mon couteau, mon bonnet. Un coup de mât, un cri, je perds mon bonnet et ma lampe, projetés à l'eau. J'ai peur, je parviens néanmoins à fixer ma drisse à un hauban, lui-même attaché au troisième morceau qui flotte. Je redescends, constate que mon couteau, fixé par une garcette, s'est aussi sauvé devant le désastre. Je me sers en tout cas de l'installation de fortune comme d'une grue pour relever le bout qui est dans l'eau. J'y parviens petit à petit, avant de voir la troisième partie de mon mât brisé se vider de son eau. Encore quelques efforts, je l'incline à la verticale et le dépose sur le pont. C'est la première fois au cours d'un de mes démâtages que je peux récupérer tout l'ensemble. Ensuite, j'essaie de descendre la partie intermédiaire du mât, mais je n'y arrive pas complètement.

Je ne m'imagine pas autre chose alors que de poursuivre. Cela me paraît si simple. Le Vendée représente pour moi neuf ans de ma vie ; le Vendée est comme une montagne qu'il me faut escalader jusqu'en haut. Et celui-là, encore une fois, je m'y suis préparé depuis mon retour du précédent, je m'y suis accroché depuis mon accident de parapente, je m'y suis voué comme un homme se cloue à son destin. Sans en démordre, sans m'en dissuader. Depuis deux ans, j'ai donc très peu navigué, depuis deux ans, la préparation a été très longue, très lourde. Deux ans de concessions pour accepter finalement la nouvelle jauge. Deux ans de soutien sans faille de mon équipe technique, merveilleuse et soudée derrière moi. À ne jamais lâcher le morceau, à relever chaque défi lancé par le changement des règles de course.

C'est ainsi que je suis parti des Sables, gonflé à bloc. Avec une soif de navigation inextinguible, une faim de victoire qui me serrait les tripes, un bonheur d'être à bord que rien ni personne ne pouvaient démentir. Avant de démâter, j'étais le plus heureux des hommes sur son bateau, le plus confiant des marins. J'avais encore un potentiel d'énergie très important, une sensation d'être invulnérable. Sans souci ni inquiétude, juste habité d'un ciré jaune comme le bonheur. À tel point que, le ciel me serait tombé sur la tête, ça ne m'aurait pas non plus perturbé outre mesure.

C'est sans doute pour toutes ces raisons que je décide tout de suite de continuer. Le jour s'est levé, je ne sais pas trop comment se fait le cheminement dans ma tête, ni même s'il y a cheminement, ce n'est de toute façon pas le moment d'y songer. Je suis toujours en course, je ne veux l'aide de quiconque, je dois encore remonter mon génois qui flotte dans l'eau. Et appuyer aussi sur le bouton « Présence à bord, RAS » de ma balise Argos.

J'ai suffisamment de recul pour réaliser que, ce Vendée Globe, ça fait trois fois que je le fais, trois fois que je le loupe. Moralement, le coup est monstrueux. Je ne m'effondre pas, non, je m'en veux, je suis déçu. Je pense sans cesse à mon équipe à terre, à Stéphane, à Romaric, qui ont tant donné pour le bateau, à Agathe dont la vie est sacrifiée autour du projet, à Hervé qui est là depuis le début et qui va se dire que ce n'est pas possible, qu'on est maudits des dieux, à Isa qui va s'inquiéter, qui doit s'inquiéter puisqu'elle m'envoie un premier télex : « Je vois ta vitesse qui n'avance plus, qu'est-ce qui se passe ? Réponds-moi vite, je suis inquiète. » Et moi, laconique : « J'ai démâté, tout va bien à bord, préviens l'équipe. » Très vite, l'équipe me répond. Je ne préviens pas tout de suite Philippe Jeantot, qui m'a envoyé un message. Je lui rétorque, aussi bref, que « tout va bien à bord, problèmes techniques ». Philippe demande pourtant à Dominique Wavre et à Ellen MacArthur de se dérouter. Je fais savoir encore une fois que je n'ai pas besoin d'assistance, sans préciser dans quel état est mon bateau.

Mais je suis loin de tout ça ; de toute façon, le secret sera éventé très vite. De mon côté, j'entreprends de remonter mon génois, et j'ai beaucoup de mal à le faire. Il est lourd, traîne entre deux eaux, fait toujours ancre flottante. C'est très dur, j'utilise un winch, mais, en remontant, la voile d'avant, intenable à cause du mouvement des vagues, lamine tout l'arrière, détruisant le balcon, les chandeliers, ne laissant intacte que la grosse antenne du standard B. À un moment, le bateau évite, ça me fusille tout, mais je ne veux pas perdre mon génois. Je le hisse à bord, le ferle, jette un dernier regard sur le chantier de mon apocalypse.

Avant d'aller me reposer, mort de fatigue, j'ai envoyé le tourmentin sur mon moignon de mât avec la drisse que j'ai installée. Pour me dire que j'avance, pour me convaincre que je fais route. En pensant plus que jamais à toute l'énergie que j'ai mise dans cette préparation de ce Vendée Globe et à toute l'énergie qu'y a mise mon équipe.

Au réveil, je fais l'inventaire des solutions envisageables pour une escale. Les Kerguelen, c'est impossible, il faudrait que je revienne en arrière et, psychologiquement, ce serait reculer. Et puis face aux vents, et sous gréement de fortune, je n'y pense même pas. Remonter en Australie pour faire escale, cela signifie ramener ensuite le bateau en cargo, avec son lot de galères et de déceptions post-abandon. Non, pas comme il y a quatre ans. Au même moment, à terre, les réflexions carburent aussi. « On avait commencé à se dire qu'il fallait acheter des billets pour l'Australie, mais qu'est-ce qu'on aurait fait du bateau ? Le laisser là-bas, le vendre, le rapatrier, faire venir un nouveau mât ? » me raconteront les membres de l'équipe. Les scénarios sont multiples, mais je n'en imagine pas d'autre que celui qui me dicte de continuer. Déjà, quand je me suis arrêté, il y a quatre ans, en Australie, c'était dur de reprendre la mer hors course et ça avait été assez galère : on était restés une semaine à Freemantle à bosser à cinq sur le bateau. Finalement, mon équipe était repartie à cause des dates impératives des billets de retour. Alors qu'on n'avait toujours pas fini le boulot. Comme quoi une semaine ça passe vite, je vais bientôt et à nouveau m'en rendre compte.

À mon sens, donc, il n'y a qu'une direction à suivre, celle des Sables. Quels que soient le temps qu'il me faudra et les moyens dont je dispose à bord. D'autant plus qu'il est toujours plus aisé d'assimiler mentalement une situation positive plutôt qu'un choix d'abandon. Et que, au plus profond de ma chair et de mon âme, je dispose sans mentir d'un très bon moral de coureur, bien loin de celui, à moitié détruit, que j'aurais pu avoir si j'avais fait escale et abandonné la course. Comme à Freemantle ou il y a huit ans, après mon remâtage du bateau aux Sables-d'Olonne. J'avais connu là une déprime, encore une, qui avait duré jusque dans l'océan Indien.

Il y a aussi une chose qui m'importe, vis-à-vis de mes partenaires. Je n'en ai pas beaucoup parlé, mais je sais l'importance qu'ils ont et le rôle qu'ils jouent dans ma vie de coureur d'océans. Ils m'ont fait confiance, le jour où je suis allé les voir avec mon petit dossier pour leur dire que j'étais très fort, que j'allais gagner des tas de courses et que j'allais faire le tour du monde. Vis-à-vis de la parole que je leur ai donnée, je me dois de faire le maximum pour respecter mon contrat. Pour les honorer, pour les remercier, pour leur rendre la confiance dont ils ont fait preuve à mon égard.

Enfin, ma philosophie de course, d'homme de mer, m'incite à continuer, à ne pas abandonner. Je suis persuadé qu'on peut toujours se débrouiller, il suffit d'y croire, il suffit de réfléchir, il suffit d'avoir un certain savoir-faire. Même quelque chose qui paraît impossible sur le moment, par la grâce de la réflexion et du travail, je sais que je peux arriver à le surmonter. J'ai une petite anecdote qui me revient en mémoire : il y a quatre ans, après le Vendée Globe, il y avait une recherche importante à effectuer sur les problèmes de sécurité à bord de nos puissants monocoques, et j'étais chargé, au sein de l'Imoca, l'association des coureurs, de ces questions. Après les trois chavirages de Dinelli, Dubois et Bullimore, après la disparition de Gerry Roufs, la réflexion était primordiale. J'avais donc réfléchi à toutes les situations de survie, de retournement, et à tout ce que le navigateur solitaire pouvait faire pour redresser son bateau, empêcher qu'il ne coule, ou l'aider à se remettre d'aplomb. Je crois que j'avais fait un gros travail, et que le rapport de quinze pages que j'avais rédigé pouvait faire avancer les choses. Je l'avais donc présenté aux membres de l'association. J'ai été scié par leur réponse. À leurs yeux, je suis passé pour quelqu'un de dangereux. Qu'est-ce que je proposais ? La liste était longue et prenait en compte à la fois les moyens pour alerter et guider les secours, et les solutions pour permettre au naufragé d'acquérir un peu d'autonomie. Avoir, par exemple, les antennes des balises de détresse montées sur des passe-coques pour émettre lorsque le bateau est retourné, emporter un transpondeur radar pour guider l'approche finale des secours, embarquer deux radeaux de survie afin d'éviter que les secours ne soient obligés de nous en jeter, peindre la quille et les safrans en fluo, propositions finalement acceptées ; installer des supports à l'arrière à portée de main de la trappe de survie pour fixer les balises à l'endroit comme à l'envers. Tout ce qui allait dans le sens de l'autonomie, pour se débrouiller seul sur un bateau retourné ou en train de couler, n'a jamais été évoqué au sein de l'association : installer une ligne de vie à l'envers entre le safran et la quille pour se déplacer, prépercer des trous dans le bord de fuite pour pouvoir grimper au sommet du bulbe et y fixer des vaches à eau, sortir un petit panneau solaire et une antenne de standard C, installer la couchette afin de dormir dans le bateau retourné. Seules certaines mesures, celles ayant trait au repérage du bateau, une fois la balise déclenchée, seront finalement retenues, les autres vouées aux oubliettes de l'histoire maritime.

Ce jour-là, Isabelle Autissier m'avait fait comprendre qu'il valait mieux que je retire mon rapport, que ça allait suggérer que nos bateaux étaient dangereux et que, si l'on proposait ces solutions, on passerait pour des gens complètement barges. Je pense, avec le recul, qu'elle avait raison, mais, sur le moment, je n'ai pas vraiment compris. À tel point que je me suis même senti isolé et pas tout à fait dans un état d'esprit semblable à celui des autres coureurs.

Tout ce que je préconisais, pourtant, les astuces pour permettre au solitaire de sortir de son bateau retourné, de trouver des endroits où s'abriter en attendant les secours, c'était ma façon à moi d'être capable de faire face, seul, aux accidents de mer. Et je suppose que c'est dû en partie au fait que je me suis toujours identifié aux héros de mon adolescence, aux récits d'aventures où chacun faisait preuve d'un sens inouï de la débrouille, en mer comme en montagne. En dévorant ces récits, je me suis convaincu très tôt que l'aventure allait être ma vie, et je me suis infligé volontairement des épreuves, apprenant à subir le froid en dormant dehors, essayant de gérer la faim en m'abstenant parfois de manger. Je croyais déjà aux vertus de l'expérience, seule capable de démontrer que finalement j'étais d'une certaine manière plus fort que la nature. Je me persuadais aisément que, les conditions extérieures, je devais les supporter, que le froid, c'était psychologique, que, le manque de sommeil, on parvenait à y résister, que, la faim, on arrivait aussi à y faire face et qu'on pouvait vivre sans manger. C'est pour toutes ces raisons, très personnelles, je le conçois, qu'aujourd'hui, quand un problème me tombe sur le coin du museau, je me garde bien de paniquer et de prendre une décision trop hâtive.

Il y a encore autre chose qui expliquerait ma décision. J'ai déjà parlé de Gérard, qui m'accompagne autour de ce monde, j'ai cité quelquefois Éric Tabarly, avec qui j'ai eu l'honneur de naviguer et qui est devenu mon ami. Éric n'est plus là et, en même temps, comme Gérard, il n'est jamais loin de moi. Jamais. Je me souviens d'une attitude qu'il avait eue lors de la transat 76 et qu'il m'avait racontée bien des années plus tard lorsque nous naviguions ensemble. Il était seul à la barre du *Pen Duick VI* qui était prévu pour seize hommes d'équipage. Au bout d'une semaine de course, son pilote automatique renonce à fonctionner. Demi-tour. Éric décide de rentrer, fait cap sur la Bretagne, dort tranquillement dans la couchette pendant la nuit. Au petit matin, il se lève. Même en mer, la nuit porte conseil, et il se dit finalement : « Mon bateau marche très bien. J'ai pas de pilote, mais pourquoi abandonner, où serait la raison suffisante ? » Il a viré de bord, est reparti vers Newport, a gagné la course. Une leçon de courage extraordinaire, dont je vais essayer de m'inspirer, je le sens.

Je continue donc. Ma décision est irrévocable. Je suis mort de fatigue, exténué, mes yeux se ferment sans que j'aie à les en prier. Le bateau est en vie, il ne faut plus subir, il faut redémarrer, je marche déjà à 5 nœuds, je m'endors pour me réveiller sans souvenirs.

10

Réfléchir au retour

Il me faut écrire noir sur blanc, pour exorciser la douleur, pour expliquer pourquoi je dois reprendre la route. Un télex à l'équipe, simple, comme un cri à lancer par-dessus les mers, comme une amarre ténue pour relier les énergies et ravauder les rêves brisés, comme une direction à suivre. Je tape, presque comme un automate, les mots se forment, les phrases trouvent leur sens, les voici :

« Si je comprends bien la mécanique et la suite d'enchaînements malencontreux qui ont provoqué la chute du mât, je ne comprends toujours pas pourquoi cela est arrivé. J'étais si bien dans ma tête et dans la course, je sentais parfaitement mon bateau qui se comportait à merveille, capable d'atteindre des vitesses incroyables sans forcer.

« Nous étions si heureux tous les deux de faire ce tour du monde comme un couple qui s'aime et réalise ce qu'il avait projeté d'accomplir. C'est vrai que j'étais fatigué, c'est vrai que mon pied me faisait un peu mal et me causait des soucis, mais mon bateau était en parfait état. J'avais une grande confiance en moi, notamment grâce au potentiel de vitesse du bateau qui me paraît exceptionnel.

«Je suis resté serein quand j'étais coincé dans les calmes et que les autres caracolaient, vous m'avez paru inquiets entre les glaces, les infos météo et l'histoire du routage. Moi je ne me suis pas énervé et j'ai gardé une vision globale. Alors, comment réaliser aujourd'hui qu'en une fraction de seconde tous nos espoirs pour cette course mythique qu'est le Vendée Globe et pour laquelle je me bats avec vous depuis neuf ans maintenant partent en fumée.

«Je me réfugie dans la réalisation méthodique des travaux que j'ai à faire et m'interdis de broyer du noir. Les pétrels qui m'entourent se sont posés sur l'eau, vu l'allure de mon bateau, et n'ont pas l'air effrayés de m'entendre parfois hurler ma colère dans le vent. Je n'envisage pas d'autre solution que de tenter de redonner des ailes à mon grand oiseau bleu pour finir cette boucle que l'on avait si bien commencée.»

Nous sommes le 18 décembre de l'année 2000.

Je suis donc toujours en course, mais puis-je vraiment m'en contenter? Ma déception de sportif, de compétiteur est énorme. Voir les concurrents qui s'échappent devant, penser à ceux de derrière qui vont bientôt me doubler, imaginer que, progressivement, je vais disparaître des classements, des positions. Vais-je m'en remettre? Oui, sans doute, mais le sentiment d'impuissance qui me travaille au corps, le fait de ne plus avancer, alors que les autres sont en pleine bourre, ont violemment lacéré mes espoirs de victoire. Terrible, car, même si je reste toujours en course, sportivement je ne suis plus dans le coup. Pour moi, l'épreuve à laquelle j'ai consacré tant d'années de ma vie s'achève avec une sensation de sévère défaite, de long supplice. Je suis triste.

Pas question, pourtant, de sombrer, de me laisser aller. Au contraire, je dois réfléchir, penser, élaborer. J'ai l'esprit plus clair, il fait jour, je regarde mon mât. Je dois pouvoir renvoyer la grand-voile, mais, avant, il faut que je fasse tomber le morceau intermédiaire qui pend au gibet comme un condamné sans jugement ; je commence à ranger sans me rendre compte de l'immensité de la tâche qui m'attend.

Du carbone, partout, à déblayer, le génois à plier, la trinquette aussi. Et le boulot à l'intérieur, ouvrir l'ordinateur, taper grossièrement, sur un tableau Excel, la grande liste des travaux à faire, esquisser sur mon cahier de notes, à coups de crayon, les croquis des réparations à effectuer. J'attaque finalement sans tarder. C'est toujours plus facile de se mettre au travail quand il y a un espoir au bout, quand l'impression d'avancer réconforte. À chaque tâche bouclée, j'inscris un z sur mes listes. Z, comme la dernière lettre de l'alphabet. Parce qu'en triant ensuite par ordre alphabétique les travaux finis se retrouvent en queue de liste, je peux alors les effacer.

Appeler aussi, partager la déroute de ceux qui semblent plus atteints que moi. J'ai Agathe au téléphone ; lorsqu'elle me dit qu'elle a recommencé à fumer, j'imagine sans peine la détresse de toute l'équipe. L'ambiance est morose, c'est le moins qu'on puisse dire. Tous ont tant donné : Romaric, responsable du gréement (trois mâts changés en six mois, alors qu'on en avait un très solide mais hors jauge), qui en a bavé comme un chien, a pris le dématage en plein dans les dents ; Stéphane, qui s'est tant investi dans le bateau, qui avait l'encouragement à fleur de peau et travaillait sans relâche à m'aider à distance ; Hervé et tous les autres, anéantis, les yeux rougis, la tristesse calleuse, la voix pâteuse, les espoirs flétris. L'effondrement me semble perceptible, collectif; bizarrement, j'ai même l'impression d'avoir meilleur moral qu'eux tous.

Au début, je ne prévois pas encore de reconstruire un mât ; mon moignon dressé vers le ciel, mon gréement de fortune, mes bricoles envisagées pour envoyer plus de toile me suffisent. Dans mon esprit, je réfléchis plutôt à la possibilité de gréer un deuxième mât, de retailler les voiles pour les adapter à ma nouvelle configuration, de faire une corne ou une livarde comme sur les voiliers anciens afin d'agrandir ma surface offerte au vent. L'espoir est sérieux, du moins tant que je suis dans le Sud. Le vent y est si fort et si favorable que je pense pouvoir tranquillement revenir jusqu'à l'anticyclone de Sainte-Hélène, presque au milieu de l'Atlantique.

Avec l'équivalent de quatre ris trinquette, ce que je suis en mesure d'établir, cela ne posera aucun problème majeur, puisque c'est même une configuration souvent utilisée sous ces latitudes. Mais, pour améliorer mon gréement, il faut donc que je hisse ma grand-voile ; je construis rapidement un système que j'estime fiable afin de pouvoir la renvoyer, une petite pièce en alu taillée dans mon rail de grand-voile et qui vient s'enquiller en haut du mât restant comme un pied dans un chausson.

L'opération a l'air de tenir, je peux y accrocher ma drisse de grand-voile et des transfilages pour maintenir l'ancrage de la trinquette. Je suis content pour la drisse de grand-voile ; en revanche, pour la trinquette, ça ne fonctionne pas longtemps : les cordages déchirent le mât. Le tout s'affaisse, il faut que je trouve autre chose. Va-et-vient mental, je me ronge les sangs, et si je n'étais pas capable de réparer définitivement les ravages de l'océan ? Après des heures de réflexion, d'effets divers et de longs séjours dans le mât à bricoler, je finirai par faire un ancrage solide. Mais la trinquette porte comme un spi, parce que habituellement elle est capelée à quinze mètres de hauteur. Là, je suis obligé de raccourcir le guindant de quatre mètres pour pouvoir l'étarquer.

Je commence à me dire que je n'irai pas jusqu'au Horn, parce que s'il y a trop de vent, et si j'allume, je vais déchirer encore plus mon mât. Mais, paradoxalement, si je n'allume pas, je n'avancerai guère. Le dilemme est cruel pour moi, plus que pour les oiseaux qui scrutent d'un œil terne ma progression. Le comportement de mes amis a changé depuis le dématage. Ils semblent à la fois partager ma peine et être très curieux des travaux que j'entreprends. Un albatros m'a suivi pendant un long moment. Je le croyais caustique, il compatissait. Nous avons même joué ensemble, comme s'il entendait me faire oublier la situation. Il se posait devant le bateau, finissait par se laisser doubler, malgré les maigres efforts de sa part pour avancer vent arrière avec ses pattes palmées. Puis il décollait afin de me redoubler, se reposait devant le bateau, et ainsi de suite. Par qui était envoyé le grand oiseau ? En tout cas, il me lavait un peu l'esprit, me procurait un peu de répit, m'offrait un peu de son soutien.

Plus je réfléchis, plus je me convaincs facilement que l'anticyclone de Sainte-Hélène est beaucoup trop loin, que le Horn n'est pas à une distance intéressante, que, d'ici là, j'aurai largement eu le temps de tout détruire, parce qu'il faut d'abord que j'en finisse avec l'Indien et le Pacifique. Quelques jours plus tard, j'en suis certain, je devrai m'arrêter pour me faire un vrai mât. Reste à savoir où et comment.

À questions complexes, réponses peu évidentes. Je continue à avancer, à réparer, à modifier, tandis que l'avenir me taraude, que le choix devient cornélien. Comment, d'abord ? Ma nouvelle idée se met doucement en place. Comme j'ai tous les éléments de mon mât, je me sens capable de coller ensemble la partie haute et la partie basse en utilisant celle du milieu comme un manchon qui rigidifiera l'ensemble. Ce genre de travail, réalisé en usine avec des machines et des matériaux ad hoc, ne me fait pas peur, bien au contraire. De mes études, DUT de génie mécanique et spécialisation en matériaux composites, j'ai conservé, outre l'amour de ces technologies nouvelles, une certaine compétence technique et la certitude que je suis assez calé pour effectuer un tel travail. Rien ne m'apparaît illusoire. Je me souviens encore une fois de mon premier vrai bateau, celui construit pour la minitransat. Le mât, je l'avais conçu avec Dassault et l'Aérospatiale. À l'époque, puisque c'était même le sujet de ma thèse de fin d'études, je m'étais plongé avec passion dans la problématique du mât, les questions d'accastillage, les problèmes de haubans, le passage de drisses. Ce bateau, je l'avais ensuite fabriqué de mes propres mains. Seul. Un prototype, en matériaux composites, avec de véritables innovations techniques, notamment l'utilisation de fibres et de tissus jusqu'alors réservés à l'aviation, et que personne n'avait employés dans le domaine de la voile. Reste maintenant à affiner mes premières cogitations. Je tombe rapidement sur plusieurs impasses : je n'ai que deux cents grammes de colle, j'abandonne donc dans un premier temps la solution du manchon, j'en échafaude une deuxième qui consisterait à stratifier mon mât avec mes tissus de carbone que j'ai en stock. Problème : ceux-ci sont de type « haute résistance », celui-là de type « haut module ». Et Beat Wildberger, le fabricant du mât, pourtant toujours très optimiste, est formel ; cela ne tiendra pas. J'envisage enfin une troisième solution, qui consisterait à effectuer une réparation type aluminium à base de vis et d'écrous, avec des plaques vissées pour assembler mes deux morceaux de mât. Après inventaire précis de mon petit matériel et de mes réserves en visserie et boulonnerie, je décide de ne pas la retenir, car pas adaptée au carbone. Et puis, je sais bien que la bricole ça ne tient jamais.

J'en reviens à la première solution, dite classique, ou collée, en demandant à Stéphane d'aller acheter la même colle que celle dont je dispose et de voir quelle surface il peut enduire sur un mât qu'on a à Arcachon. En tirant complètement, me dit-il, on arrive à enduire une petite pellicule partout. On s'assure auprès du fabricant qu'il est également possible de mélanger la colle avec de la résine époxy pour la rallonger. C'est à ce moment qu'apparaît le problème de la température : pour que l'ensemble soit particulièrement solide, pour que la colle remplisse son boulot, il faut que je trouve un moyen de chauffer le mât. J'y crois profondément, malgré un coup de fil au fabricant de colle, et un conseil d'ami : « Ça ne marchera pas », dit-il, même si je dispose d'une quantité suffisante de colle.

Se pose alors la question de savoir où aller. La Tasmanie, plus haut, l'île Campbell, plus à l'est, voire un autre havre, plus au sud. Je gamberge, quand Stéphane me propose l'île Stewart, juste au sud de la Nouvelle-Zélande, qui m'obligerait à me dérouter davantage, car elle est plus nord que Campbell. Je lui fais part de ma seule crainte importante : arriver dans un endroit trop habité ; j'ai peur de la civilisation, non pas des humains que je pourrais y rencontrer, mais parce que, dans un souci de respect du règlement, personne n'a le droit de toucher mon voilier. Et si jamais *Aquitaine Innovations* touchait, lui, un autre bateau, ça serait aussi synonyme d'élimination. Où que j'aille, il faudra que j'y prête grande attention.

Il me faut de toute façon trouver un mouillage sûr, pour pouvoir travailler à l'abri des éléments. En même temps, quelque chose me tiraille : est-ce forcément une bonne idée de s'arrêter ? Dans mon esprit, une escale, cela signifie un bateau qui n'avance plus, un bateau qui n'avale plus sa ration de milles quotidienne, un bateau qui n'est plus actif. Or, quand le bateau est immobilisé, au mouillage ou au port, le moral ne fait pas de bonds non plus. Ni progression ni avancement, toujours le même nombre de milles entre moi et Les Sables. Pas évident.

Mais ai-je vraiment le choix ? Je comprends que non et, très vite, je me dis que la meilleure destination possible, c'est la Nouvelle-Zélande, et, plus précisément même, l'île Stewart, plus éloignée certes, mais cela me laissera le temps de travailler en mer, de préparer le remâtage. Une fois à l'abri, je n'aurai plus qu'à démâter, à recoller le haut du mât, à le remettre en place et à repartir comme si rien, ou presque, ne s'était passé. Je dessine un avenir idéal dans ma tête. Il a la forme d'un planning royal : je bosse avant d'arriver au mouillage ; une fois sur place, je jette l'ancre, je renforce mon mouillage ; le lendemain, je démâte, je coupe le mât, je joins mes deux bouts, je remâte, et vogue la galère. Cinq jours, en comptant large.

Je calcule déjà que, si je parviens à mes fins, mon nouveau mât pourrait atteindre environ dix-huit mètres. Largement de quoi établir parfaitement ma trinquette, ma grand-voile à deux ris, et même suffisamment de hauteur pour retailler mon génois, voire mon spi. Bref, de quoi rentrer aux Sables-d'Olonne sans problème, puisqu'en ce cas j'aurais même assez de toile pour remonter l'Atlantique, ses zones de calme, ses vents faibles, et pour dominer l'inquiétude que ces perspectives délicates me procurent. Parfaitement conscient aussi qu'avec la distance qu'il me reste à parcourir mon travail doit être parfait. Plus de la moitié d'un tour du monde à effectuer et Noël pas encore fêté...

11

Continuer jusqu'au bout

Faut-il parler d'une nouvelle quête mystique, d'une plongée volontaire dans un monde irrationnel ? Non, je le jure. Continuer, oui, bien sûr, l'idée est désormais imprimée au plus profond de mon esprit. J'y pense à chaque instant, me conforte dans le choix qui n'en était pas un. Jamais je n'aurais abandonné. La veille du démâtage, ça continuait à aller très, très vite. J'entrevoyais déjà le passage du cap Horn, la remontée de l'Atlantique, l'arrivée aux Sables. Et je me disais que tout cela se déroulait si rapidement que je ne me rendais pas compte que j'étais en train de faire le tour du monde. C'était à la fois ce que j'espérais, cette course haletante, brutale et disputée, mais, parallèlement, je n'imaginais pas à quel point cette régate planétaire effaçait en même temps l'aventure humaine. « Merde, me disais-je, c'est décevant, on transforme le Vendée en une grande transat, à fond tout le temps. »

Bizarrement, après le démâtage et alors que je suis un sujet à risque, je ne parlerai pas de coup de déprime, pas le temps évidemment, mais, plus prosaïquement, d'une « situation qui m'a bien foutu les boules » pendant deux, trois jours. Après, je m'y suis fait, y puisant même un regain d'énergie, comme le plaisir naissant devant le challenge, l'envie de tout renverser devant la tâche à accomplir.

C'est aujourd'hui Noël. *Aquitaine Innovations* profite d'un bon coup de vent qui brode ses souffles aux alentours de force 8, je marche à 14 nœuds et les vagues qui recouvrent le pont ont nettoyé par le vide les morceaux de carbone qui le jonchaient. Comme je n'aurai donc plus d'échardes en cadeau, je décide d'ouvrir ceux que m'a préparés l'équipe. Des cotillons, des serpentins, des chapeaux pour faire la fête. Honnêtement, je ne sais que penser. J'envisageais une tout autre façon de fêter la naissance de l'Enfant Jésus.

Au fur et à mesure que je progresse, doucement, au fur et à mesure que je range et me consacre à faire mieux avancer le bateau, je songe à l'endroit où je vais m'arrêter. Je trouve dans le CD-ROM offert lors de mon anniversaire un allié de circonstance. Une fois installé dans le ventre de mon ordinateur de bord, il me permet de repérer quelques îles, me disant que celle-là serait mieux que celle-ci. Il ne faut pas faire d'erreur, j'étudie au mieux le meilleur endroit pour mouiller. Rapidement, après m'être fixé trois escales possibles, je me déciderai entre l'île Stewart, au sud de la Nouvelle-Zélande, les îles Auckland et l'île Campbell. De celle-ci, je ne recevrai jamais de carte précise et j'abandonnerai l'idée lorsque je constaterai que, située plus sud, les températures y seront forcément plus basses. Or, dans ma tête, la polymérisation des résines que je vais être appelé à utiliser pour réparer mon mât nécessite la température la plus clémente qui soit. Pour l'île Stewart, c'est plus simple. Le CD-ROM est assez précis pour me laisser croire que tout est possible, je repère des criques protégées, une accessibilité plus évidente. À terre, Stéphane s'est procuré des cartes informatiques plus détaillées encore, qu'il me fait parvenir par satellite. Christophe Buchard, journaliste à *Paris-Match*, et ami de Sir Peter Blake, l'immense marin néo-zélandais, me donne également les coordonnées du grand moustachu. Sir Peter est alors en train de naviguer du côté d'Ushuaia. J'envoie donc un mail demandant à Peter Blake de me dire ce qu'il pense de l'île Stewart. La réponse est extrêmement précise, parce que le skipper connaît parfaitement la région. S'il a navigué avec succès sur toutes les mers du globe, comme tous les Néo-Zélandais, il a usé ses fonds de ciré autour des deux grandes îles et des innombrables cailloux plus petits émergés qui forment ce grand pays de marins. Il m'écrit en me conseillant d'aller dans le « North Arm », le bras nord, jusqu'à Port Pegasus, cité abandonnée après que les chercheurs de métaux précieux eurent constaté que, de minerai, il n'y en avait plus guère.

Blake reste en même temps très prudent : dans son message, il m'engage à me faire escorter par un bateau, m'explique que les parages sont peu connus, m'annonce qu'il existe une nouvelle carte de l'endroit et s'enquiert si, avec mon gréement de fortune, je peux tirer des bords. Je suis obligé de me faire traduire ses questions et ses explications par Richard, car mon anglais ne me permet pas de tout bien comprendre.

C'est en tout cas grâce à Peter Blake que je décide de remonter vers l'île Stewart. Nous gardons le contact, car il m'en faut toujours plus. Un peu plus tard, je lui demanderai si je vais être ennuyé par les autorités en mouillant là-bas, car il n'est pas question que quelqu'un, douanier ou non, monte à bord d'*Aquitaine Innovations*, me disqualifiant immédiatement. Sir Peter me donne les coordonnées de quelqu'un à appeler en Nouvelle-Zélande. Joe Cave, c'est son nom, arrangera alors toutes mes affaires. Personne ne m'attendra, si ce n'est son fils, pêcheur, qui a prévu de venir à ma rencontre avec deux invités. Christophe Buchard, et Thierry Martinez, un photographe et ami dont les photos feront bientôt le tour du monde.

En attendant, le vent est mou, j'avance à petite vitesse avec mon gréement de lilliputien. La mer est infiniment calme, propice au travail. Ça tombe bien, je veux finir la préparation de ma tête de mât avant d'arriver à l'île Stewart. D'abord, je vais devoir m'employer à fabriquer le manchon avec la partie médiane de mon mât. Au papier de verre ? Peu efficace et je n'en ai pas assez. À la lime ? Foutaises. Au couteau de marin ? J'abîme l'axe de la lame et je suis obligé de le tenir à deux mains. Au ciseau à bois ? C'est la solution, lorsque je l'aurai bien en main. Des heures et des jours à délaminer mon bout de mât, à recevoir des morceaux de carbone noir, des heures et des jours à être atteint par de petites échardes dont j'ignore volontairement les piqûres douloureuses.

Je l'aiguise toutes les cinq minutes et possède enfin un outil opérationnel : soit je tape dessus au marteau, soit je l'utilise avec ma main en me protégeant d'un morceau de cuir, soit encore à deux mains, en le poussant à la force de mes bras. C'est un boulot de titan, simplement pour que mon manchon de trente centimètres de hauteur épouse parfaitement l'intérieur du mât. Je dois en effet lui redonner un peu de souplesse en retirant entièrement les surépaisseurs des renforts extérieurs, puis les couches à plus ou moins 60°, de l'extérieur et de l'intérieur. De même pour le mât et les coquilles de quarante centimètres que je me fabrique également. Le travail dure plus d'une semaine, au rythme effréné d'une vingtaine d'heures par jour, mais la satisfaction d'accomplir du bon boulot me fait oublier la fatigue. Plus délicat encore, je sculpte les surépaisseurs des renforts extérieurs de la partie haute du mât en pente douce et creuse leurs empreintes femelles dans les coquilles pour éviter la concentration de contraintes et m'assurer que le transfert de charge entre les différentes pièces est bien réparti. Un travail de précision absolument nécessaire. De plus, ne disposant que de 200 grammes de colle, ce qui est ridiculement faible, je suis obligé d'ajuster parfaitement les pièces les unes avec les autres afin que le joint de colle soit le plus fin possible.

Comme je dois être précis à l'extrême, je suis obligé d'inventer un système de coupe digne d'une petite entreprise industrielle, pour que les bouts que j'assemblerai plus tard soient parfaitement droits. Avec du papier d'abord, avec du scotch plus solide ensuite, je guiderai mes coups de scie à métaux avec une dextérité diabolique. Étonnante vu les moyens du bord. Et à peine quelques dixièmes de millimètre de différence. Cette précision de la coupe des deux bords du tube est primordiale. Elle déterminera l'alignement du mât. Il faut qu'il soit parfaitement droit pour bien travailler et ne pas casser.

En même temps, je progresse dans ma méthode. Il me faut un manchon que je suis en train de fabriquer, sorte de tube ouvert qui s'emboîte de 15 centimètres dans chaque partie du mât, et aussi les trois coquilles que je poserai sur le mât reconstitué pour le renforcer à l'extérieur. Là n'est pas le plus compliqué. Non, ma prochaine grande œuvre sera, compte tenu des températures qui m'attendent, un moyen de créer de la chaleur. Pour parler plus clairement, il me faut concevoir un four assez puissant pour que la colle puisse prendre et que la stratification polymérise, assez large pour y faire passer la circonférence de mon mât. J'ai du temps pour réfléchir : la fin de l'année approche, et je n'ai pas prévu d'arriver à l'île Stewart avant le 5 janvier.

Parallèlement, je continue à améliorer mon plan de voilure. Plusieurs fois, je regrimpe au mât, pour me permettre d'abord d'envoyer la grand-voile un mètre plus haut, ensuite de modifier encore et encore l'attache de ma trinquette. Après plusieurs réparations, je peux maintenant étarquer correctement ma petite voile d'avant et dispose de 48 m^2 de surface utile, soit au total un huitième de ma surface maximum initiale.

Ainsi se déroule la vie d'un marin pas tout à fait naufragé. Nous sommes à présent le 1er janvier de ce nouveau millénaire. Pour marquer le coup et le changement d'année, je m'offre un solide repas. Un cassoulet à la saucisse de Toulouse, un grand vin de Bordeaux, mais une demi-bouteille. La quantité de breuvage sera néanmoins suffisante à mon bonheur.

Les conditions sont toujours idéales pour bricoler.

Mes journées sont longues et très constructives. Le manchon est pratiquement terminé, j'en suis satisfait, il me paraît parfaitement adapté. Il me reste maintenant à terminer ces coquilles et à préparer le mât. Je choisis une journée où il ne fait pas beau et où il y a trop de vagues pour m'occuper du four.

J'avais d'abord envisagé une caisse en plastique bien isolée, dans laquelle le mât passerait. Je ne l'utiliserai pas pour mon premier chauffage, car je me suis aperçu qu'il vaut finalement mieux chauffer l'ensemble de l'intérieur. J'ai ainsi imaginé une rampe en carbone sur laquelle j'ai fixé cinq ampoules, que je teste dans ma couchette en utilisant d'abord un morceau de mât de trente centimètres. J'ai fabriqué des cloisons isothermes avec une petite mousse recouverte de couvertures de survie. Cloisons que j'enfilerai ensuite dans mon morceau. Je recouvre le tout de trois couches de couvertures intercalées, une polaire, une de survie, et, quand j'allume, je constate, avec mes deux thermomètres, celui du bateau et celui de la pharmacie, que ça chauffe super-bien. Seul paramètre, le carbone est très conducteur, la chaleur risque de s'évanouir dans le reste du mât. Mais bon !

Plus je me rapproche de l'île Stewart, plus le temps varie, parfois la pétole, parfois de la bruine, du gris, du froid, des embruns. L'ensemble retarde un peu ma progression et mon arrivée à Port Pegasus : je ne serai à l'abri que le 7 janvier. Le retard est un mauvais virus, car il se propage vite. Mon manchonnage prévu prend aussi un peu de plomb dans l'aile. J'en profite pour retravailler encore mes trois coquilles, de plus en plus joliment taillées dans le carbone. C'est à la veille d'aborder dans l'île que je lance ma première grosse opération :

coller l'objet fabriqué de mes mains dans la partie supérieure du mât. Je pense que cela va me prendre deux ou trois heures. Triste estimation : j'attaque dans l'après-midi, je termine au petit matin en atteignant l'île Stewart. Je ne suis pas inquiet, j'ai utilisé la colle qui polymérise le plus vite.

Un job de bagnard, vraiment. Pour un boulot de précision. Parce qu'il le faut. Je repense comme bien souvent à Éric Tabarly, et à cette maxime qu'il me rappelait fréquemment : « Le mieux est l'ennemi du bien. » Quand je fais mes pièces, que je les peaufine, j'ai l'impression d'entendre sa voix, à la fois douce et ferme. « Le mieux est l'ennemi du bien. » Il me l'avait dit une première fois lorsque, au départ de la transat Jacques Vabre que nous avions courue ensemble, on s'était aperçus, une fois en mer, que notre pilote automatique ne marchait pas. À peine un quart d'heure après le départ. Je me souviens que, très rapidement, nous avions pris l'option de continuer la course et de ne pas retourner au port. Par VHF, j'ai alors appelé mon équipe technique pour savoir ce qu'il fallait faire, pour qu'on m'explique d'où provenait le problème. Et me voilà lancé dans des câblages de dingue, des réparations de folie, des trucs de barjot, tandis que mon équipe nageait complètement, ne savait quoi dire ni quoi répondre. Et Éric, coincé à la barre, qui ne disait mot. Pendant six heures, stoïque, il n'a pas flanché, barrant sans rechigner, tenant même parfois l'antenne de la VHF portable pour que je puisse émettre. Et le vent s'est mis à forcir, passant de 25 à 40, puis à 50 nœuds en fin de nuit. Toujours rien, pas un reproche. En début de nuit enfin, après mon lot habituel de galères et d'ennuis, j'ai réussi tant bien que mal à refaire fonctionner le pilote. Mais un nouveau problème est apparu : nous n'avions aucune électronique à bord. Ce n'est pas cela qui décourage un Parlier. Mais quand j'ai voulu retravailler l'ensemble, pour avoir de l'électronique et un pilote en bon état, cette fois, Éric n'a jamais voulu. « Le mieux, Yves, est l'ennemi du bien. » Nous avons gagné la course...

En attendant, je suis constellé d'échardes de carbone que le rabot diffuse, elles se nichent en vieilles habituées dans les moindres recoins de ma peau. J'ai les mains noires comme la suie, douloureuses comme les plaies d'Égypte. Quand j'appuie dessus, les petites échardes s'enfoncent avec un plaisir non dissimulé, cela fait un mal de tordu. Heureusement, Isabelle a prévu une pince à épiler dans la trousse à pharmacie et, fastidieusement, je chasse de mes paumes les derniers vestiges de mon travail de forçat du carbone.

Pour continuer la liste de mes légers désagréments physiques, dois-je préciser que les ampoules qui enguirlandent mes mains ne me servent pas à m'éclairer ? Je ne sais pas trop quoi faire avec elles car, si je mets de la crème, ma peau se ramollit et je capte deux fois plus d'échardes. Il me tarde d'en finir avec ce boulot de fêlé.

12

Arriver au port

Je viens de sortir après avoir manchonné ma partie haute. L'île Stewart est là, par le travers, beaucoup plus proche que je ne le pensais. Ce premier succès a de quoi me galvaniser. Mon four, d'abord, a fonctionné comme un grand. Scientifiquement, je dirai que mon système est validé. Ma rampe avec ses cinq ampoules de 25 watts a chauffé tranquillement ses 125 watts. Je me suis lancé. Cinq minutes pour installer l'ensemble, trois pour préparer la résine, quatre pour l'étaler dans le mât et trois sur le manchon, deux minutes pour disposer le manchon dans le mât, et cinq minutes enfin pour serrer l'ensemble, avant que la colle prenne. Je ne suis pas totalement arrivé à finir l'opération que la colle est déjà prise alors que je n'ai pas plaqué complètement l'arrière du manchon. Il n'adhère pas très bien vers le bord de fuite, mais j'ai considéré que c'était réussi. Même si, quand j'ai fait le serrage, ma pièce de carbone est ressortie de deux centimètres sur les quinze prévus. Ce n'est pas très grave, mon manchon est parfaitement dans l'axe, les deux centimètres manquants ne sont pas un problème. Le succès est total et ma joie à l'échelle de cette première opération réussie.

Aujourd'hui, avant d'arriver pour la suite du programme « collage-remâtage », j'ai encore des bricoles à faire : ranger, nettoyer, préparer mes bouts de mouillage et surtout remonter mes deux ancres qui sont en pièces détachées dans mes caisses de matériel. Je néglige forcément un peu la surveillance, laisse travailler mon brave pilote automatique, en le faisant lofer. Je rentre une nouvelle fois à l'intérieur pour vérifier l'ancre principale tout en suivant ma progression sur l'ordinateur, difficilement toujours, car le haut de mon mât, en partie posé sur le cockpit, en partie installé à l'intérieur pour mes travaux de maître colleur-cuiseur, entrave complètement la descente. Je surveille de temps à autre sur l'ordinateur que mon bateau se rapproche de la terre, ignorant que ma carte est totalement en décalage avec la position donnée par mon GPS. Lorsque je m'extirpe du carré en rampant, quelques dizaines de minutes plus tard, je me retourne et que vois-je, face à l'étrave, à moins de cinquante mètres ? Une falaise haute et ferme qui se dresse, menaçante, et mon *Aquitaine Innovations* qui va droit dessus, sans réfléchir. Je débranche instantanément le pilote et j'abats en grand sans un instant d'hésitation. Le bateau tourne sur place, fidèle ami : j'empanne à cinq mètres de la falaise et laisse la mousse de mon sillage se confondre avec celle des rochers. Encore une fois je suis soulagé, encore une fois j'ai eu chaud.

J'ai failli me casser le nez sur l'île Pearl, porte d'entrée du chenal qui mène à Port Pegasus. Un chenal que je prends à contre-courant au milieu des bouées des pêcheurs. Je pénètre enfin dans la baie, le mouillage prévu est encore à 4 milles. Tiens! des phoques, sauvages mais curieux apparemment, puisqu'il y en a un qui vient me souhaiter la bienvenue. Charmante attention! J'entre avec la marée montante et un petit vent amical. C'est une très grande baie, de la dimension de celle du bassin d'Arcachon, peut-être un peu plus petite. Pas un bateau encore, pas une maison en vue non plus. Un endroit comme je les aime, je respire, je savoure. Je longe deux falaises qui nous regardent de haut, moi, pauvre petit homme, et mon bateau blessé qui venons quémander quelques instants de calme avant de repartir. Je suis dans le bras de mer qui doit m'amener vers la crique que j'ai préalablement repérée. Un coude, et, au sortir, le Maclachlan du pêcheur. J'ai été prévenu. Christophe Buchard et Thierry Martinez sont là.

C'est leur métier, ils m'attendent. Ils m'avaient demandé de les appeler sur le canal 65 de la VHF pour venir me prendre en photo, mais ça ne fonctionnait pas. Je siffle, je les vois sortir puis appareiller, on se salue de loin, je continue à tirer des bords. Il faut que j'inspecte un peu la zone avant de me décider. J'observe la côte, j'enregistre les profondeurs données par mon sondeur. Là, entre quinze et vingt mètres, ça devrait aller, je jette l'ancre, puis le petit bout de chaîne, et laisse filer cent vingt mètres de bout entre mes mains car, comme sur tout bon bateau de course, je n'ai pas de davier. Enfin, j'y suis. Des chants d'oiseaux inconnus, la verdure des arbres, moi qui n'ai vu que du bleu, du gris et de longues plages de silence depuis presque deux mois.

Ce n'est pourtant pas le moment de ralentir la cadence. Manger pour prendre des forces, puis fabriquer une pagaie rudimentaire. Il me suffit d'une latte de grand-voile, de deux petites plaques de fibre de verre coupées que j'ai en stock, et de quelques ligatures avec un brêlage en garcette pour retrouver le geste ancestral, ou du moins celui que j'avais quand, à Orsay, je coupais des branches d'arbre et dérobais deux bouts de contreplaqué pour faire avancer mes petits bateaux. Celle-ci, preuve de mon savoir-faire, est en matériaux composites, mais ce n'est pas pour cela qu'elle me fera aller plus vite ! Enfin, une pagaie sans embarcation ne sert à rien, il faut aussi que je construise un radeau. Je m'attelle à la tâche sans aucun doute : là aussi, mes expériences sont nombreuses depuis l'enfance. Des bidons d'eau et de gas-oil, vides. Huit en tout, trois de chaque côté, un devant, un derrière, disposés autour de deux caisses en plastique. Je l'avais déjà imaginé avant d'arriver, il est très simple, plutôt carré, peu aérodynamique, et tient par la grâce de morceaux de ralingue de génois en carbone, quatre dans le sens de la longueur, trois dans celui de la largeur. J'ai disposé l'ensemble de mes bidons et enfilé mes morceaux de carbone dans les anses. Je n'ai plus qu'à ligoter le tout, l'opération me prendra moins d'une heure. Par mer plate, et sans vent, je pense bien marcher à 2 nœuds.

Selon le règlement, et il n'est pas question que j'y déroge, je n'ai pas le droit d'aller à terre au-delà de la limite de la marée haute. En attendant que la mer se retire, Christophe et Thierry m'appellent et me demandent s'ils peuvent passer me voir, je leur réponds que je les préviendrai lors des moments importants, en leur précisant que j'aimerais qu'ils restent discrets et respectueux de mon travail, et de mon obligation de tout faire seul. Mes rapports avec eux seront parfaits, tant ils ont l'un et l'autre à cœur de rester en phase avec le règlement. C'est même moi, et là c'est autorisé, qui leur donnerai un coup de main. Un jour, Christophe se fait mal au pied en tombant de sa couchette, au moment où je les appelle en VHF. Le lendemain, ils viennent me voir sur la plage, mais échouent leur petite caravelle en alu à marée descendante et ne réussissent pas à la remettre à l'eau ; je les aide, j'ai le droit, à déséchouer le bateau, et propose même des médicaments à Christophe. Il me remercie mais refuse, me soutient qu'il a ce qu'il faut dans la pharmacie. De retour en Nouvelle-Zélande, une radio révélera une fracture du calcanéum.

Sinon, ils sont mouillés à trois ou quatre cents mètres de moi, disposent, outre de leur petite caravelle, d'un zodiac. Lorsque, à marée basse, je mets mon radeau à l'eau, ils arrivent, je leur rappelle qu'ils n'ont pas le droit de me toucher, j'en profite néanmoins pour faire la connaissance de Christophe, que je n'avais eu qu'au téléphone, ils prennent leurs premières photos. Plus tard, Christophe demandera à Jeantot, qui acceptera et me le confirmera par télex, s'il peut utiliser ma petite caméra et me filmer une fois par jour.

En attendant, il est temps pour moi de monter sur mon esquif de cordes et de plastique pour aller chercher des cailloux. J'en ai un besoin impérieux pour alourdir mon mouillage. J'arrive à la limite des eaux et de la grève, et je n'ai que l'embarras du choix. Je tente d'en charger un premier, mais il est trop lourd et je suis incapable de le monter dans le radeau. J'en choisis plusieurs plus petits avec une taille de guêpe que j'améliore au marteau en faisant de petites encoches pour casser les angles vifs et faire en sorte que la ceinture en Vectran que je vais utiliser ne chasse et ne s'use pas. Chacun doit bien faire dans les 20 kilos et je pars à la rame les attacher à mon mouillage. Fatigant bien sûr, mais rassurant aussi de savoir que le bateau ne bougera plus. Voire.

Mon séjour à terre, court, n'aura pas été inutile, j'ai trouvé sur les rochers de quoi manger. Des bigorneaux et des moules, presque aussi grosses que mon poing, presque trop grosses pour mon petit matériel de cuisine. Je suis d'abord obligé de les chauffer dans mon four électrique avant de les finir à la casserole. Dois-je parler de festin ? Il me semble que oui. Mais il est temps d'aller me coucher, certain que, dès demain, je pourrai attaquer les travaux.

Il n'en sera rien, bien entendu. Après mes deux heures légales de sommeil, je me suis donc levé pour préparer mon démâtage. Quand, soudain, le bateau se met à chasser. La cause ? Un vent de sud qui s'engouffre dans la baie, comme un fêtard après une nuit trop blanche. Un vent rare qui, quand il entre sans frapper, souffle vraiment très fort. L'ancre dérape, j'essaie d'envoyer la deuxième, plus petite mais lestée avec un tronçon de mât de trois mètres, elle ne fait que ralentir le bateau. La quille touche le fond, et *Aquitaine Innovations* se tourne vers la côte. Il ne manquait plus que ça, que je m'échoue comme un apprenti, un misérable ! J'envoie les voiles, réussis à faire pivoter mon bateau de 180°, cap vers le centre de la rivière, mais impossible de me déséchouer malgré la force du vent. Plus rien ne bouge, je ne peux rien faire si ce n'est affaler les voiles.

Je mets alors mon radeau à l'eau pour remonter le mouillage principal, je le ramène à bord, y ajoute trois cents mètres de cordage et repars pour remouiller l'ancre beaucoup plus loin. Le bateau est posé sur le sable, gentiment, sans douleur, sans vagues pour lui meurtrir le moral. Il est gîté, à 50° environ, mais du bon côté, vers le centre de la baie, pas vers les rochers. J'ai l'impression que je n'en sortirai jamais, que tous les dieux de la mer sont contre moi, qu'ils jouent avec ma solitude comme un orque épaulard avec le phoque qu'il jette en l'air à grands coups de queue. Pour s'amuser, alors que si je suis ici, c'est simplement pour réparer les blessures de mon bateau... Pour l'instant, je ne peux rien faire tant que je ne l'ai pas déséchoué. Pour cela, mon radeau est précieux. Je m'en sers pour porter un autre mouillage. Je jette mon ancre, puis me laisse dériver pour revenir vers le bateau. Je remonte. Mais, une fois à bord, je constate que le bout se coince au fond de l'eau, des rochers vraisemblablement. Je tire comme un malade dans tous les sens, rien n'y fait. Dans ma colère mâtinée de fatigue, je me demande si je ne vais pas aller prendre un masque et plonger en me lestant aussi avec des pierres. Je les aurais attachées avec des cordages que j'aurais coupés pour remonter des bas-fonds, une fois mon bout libéré de ses entraves.

Je ne ferai pas une telle erreur, j'y vais avec mon radeau pour le décoincer, à la verticale, mais mon embarcation de plastique prend l'eau et commence à couler. Une fois, deux fois. À chaque reprise, je suis obligé de retourner à terre pour le vider de son eau avant de revenir sur les lieux du crime. Impossible. Alors, le radeau qui a beaucoup travaillé décide finalement de se retourner. Troisième bain. Froid, pas vraiment fatal car je porte ma combinaison de survie, mais presque dramatique puisque je manque y laisser ma pagaie et surtout mon mouillage.

Heureusement que personne ne regarde, je ne dois pas avoir l'air très malin avec mon bout de mouillage entre les dents, mon radeau dans une main, ma rame dans l'autre, et mes efforts inconsidérés pour me hisser à bord. Pas évident, épuisant moralement. Je retourne au bateau tant bien que mal, me réchauffe, mange un morceau. Je repars sonder autour du bateau pour voir dans quelle direction je dois me déséchouer. À ma grande surprise, les fonds ont plutôt tendance à augmenter en direction de la côte plutôt que du large, je comprends pourquoi je ne suis pas arrivé à me dégager avec mes voiles. Puis, en attendant, j'attache un troisième cordage autour d'un rocher émergé à basse mer, pour pouvoir tirer au winch lorsque la marée reviendra.

Il fait toujours nuit, l'eau monte enfin, je me mets à tirer comme un fou, d'un côté sur mon ancre, de l'autre sur mon bout accroché au rocher. Au début, rien ne bouge. Alors, je décide de remplir mon ballast, et, petit à petit, les deux bouts se mettent à mollir lentement. Au fur et à mesure, je tends les bouts, la pression est forte, la tension aussi, le monocoque reprend bonne mine, se relève, son bulbe de quille traîne encore un peu sur le sable pendant quarante bons mètres. Je sens que le bonheur croît avec la marée.

Enfin, le bateau se redresse vraiment, recommence à flotter, comme un grand, le Sud a droit à un nouveau hurlement, à deux même. Dans le bateau de pêche endormi, les lumières s'allument, je crie à Thierry et à Christophe, qui ne me voient pas mais peuvent m'entendre : « Ça y est, je suis déséchoué. » Je retourne une nouvelle fois lester mon ancre après avoir stabilisé le bateau. Il est 2 heures du matin, l'opération renflouage m'a bien pris quatorze heures, je vais me coucher; demain, j'ai encore du boulot.

Court repos, réveil rapide. Le mouillage a l'air de bien tenir, il fait beau, je prépare la bôme qui va me servir d'appareil de levage. Ne pas oublier la lessive, et la grande toilette dans une eau si fraîche qu'elle me fait rougir le corps comme celui d'une jeune fille. Je vais me laver à terre, à la limite entre mer et sable, là où une source froide se jette dans l'eau salée. Je ne connais pas d'autre plaisir que celui de se sentir propre. Puis je me remets au travail. Je démêle les cordages que j'ai utilisés hier soir pour tirer sur les mouillages, et je nettoie le pont. Ensuite, je dégrée ma grand-voile, parce qu'il faut que la bôme soit claire. C'est un travail de force, que j'exécute comme un robot, avant de fixer la lourde voile sur le pont.

Oublier la fatigue est un credo perpétuel : je dois maintenant mâter la bôme pour que demain je puisse l'utiliser comme grue. Concrètement, cela signifie qu'il faut faire deux haubans, pour l'équilibre latéral, et aussi un étai pour la maintenir verticale. Je dois encore installer une drisse avant, une drisse arrière, une bastaque, un pataras pour la raidir à l'effort, et une petite drisse de maintien des barres de flèche. Il ne me reste plus qu'à terminer le boulot par un système de poulies et de cordages pour soulever le mât. Demain, c'est entendu, je lèverai ma bôme. En attendant, je prends un peu de temps libre. J'aimerais vraiment avoir le temps de descendre à terre, de m'enfoncer dans la baie, de grimper sur les collines aux petits arbres rabougris, d'une densité incroyable et dont la couleur de feuillage ferait de l'ombre au soleil. Ces arbres viennent jusqu'à chatouiller le dernier bout de terre léché par la marée haute, je ne connais pas leur nom, mais je me dis que je reviendrai un jour, peut-être, pour leur raconter la suite de mon voyage.

13

Un mât si beau

Deux jours déjà que je suis sur l'île, et combien de temps perdu ! Démâter tout d'abord le bout de mât qui me reste. Pas grand-chose, comme prévu. Je mâte ma bôme pour qu'elle me serve de grue. Bizarrement, je ne ressens ni stress ni angoisse, la manipulation n'est pas compliquée. Une fois l'engin installé, je m'en sers pour démâter mes onze mètres qui montent vers le ciel. Comme il est toujours plus simple de désemboîter que de remboîter, je fais les deux manœuvres, à trois reprises, ça me servira plus tard. Je réenquille ainsi mon bout de mât sur sa rotule, et cela me paraît même assez facile. Je m'apercevrai plus tard qu'une manipulation effectuée avec un mât de onze mètres sans vent n'a pas grand-chose de commun avec le mâtage d'un espar de dix-huit mètres et de 180 kilos, tandis que souffle la violence de la mer.

Dans ma tête déjà, parce que les prévisions météo laissent entendre que je n'aurai pas toujours ces conditions idéales, je pense à un autre système, plus complexe mais plus sûr. Il faudra que le mât ne soit jamais suspendu dans le vide, à cause de la prise au vent qui deviendrait alors destructrice. Sur mon cahier d'écolier, je commence à ébaucher une méthode qui ressemble, je m'en rendrai compte plus tard, à celle employée par les ingénieurs parisiens quand ils ont dressé l'obélisque, place de la Concorde, au XIXe siècle.

Pour l'instant, tout fonctionne, j'ai calculé que je dois déposer mon moignon de mât à tribord, prévu mes cales pour les barres de flèche, qui ne sont plus soutenues à cause de l'absence du mât, j'ai démonté le bas hauban bâbord pour avoir suffisamment de débattement et je dépose mon pied de mât vers l'avant, tandis que la partie blessée vient reposer côté tribord du cockpit. Je dois d'abord assainir la plaie. À la scie à métaux, je découpe les cent cinquante centimètres de mât fendus par un méchant jeu des drisses. Le carbone n'est plus utilisable et il faut absolument, lorsque je manchonnerai la partie basse sur la partie haute, que tout soit sain et propre. Et ajusté comme toujours au demi millimètre près.

Je ne suis pas satisfait de mon premier coup de scie. Il va falloir que, tel un menuisier du composite, je trusquine mes deux parties, après un montage à blanc, pour qu'elles s'emboîtent de manière parfaite, sans creux ni bosse. Vérification faite, tout est dans l'axe, il faut que je glisse mon four à l'intérieur du mât et que j'installe le système de cordage qui va me permettre de serrer au winch les parties haute et basse une fois enduites de colle.

C'est la partie haute que je vais déplacer, grâce à mes drisses, dans les trois dimensions pour la positionner parfaitement en face de la partie basse, fixe. Je me lance, fais mon collage, appliqué comme jamais, j'ai dégraissé les parties avec un dérivé d'acétone, j'ai mélangé ma colle avec la résine, j'étale avec une spatule, nettoie avec du Sopalin. Et j'enquille mes deux parties. C'est gagné quand la colle ressort par la jointure. Cela signifie qu'il y a de la pression. Je peux alors allumer le chauffage, mais, à la différence de mon premier collage, je vais cette fois utiliser mon réchaud, en intercalant entre le Butagaz et le mât une grosse pièce d'alu taillée dans la masse pour qu'elle diffuse la chaleur. Et je contrôle toujours avec mon thermomètre pour que ça ne dépasse pas les 90°. Ça marche tellement fort que la première couverture de survie se met à fondre, je remplace le Butagaz par une bougie classique.

C'est un succès tel que, le soir même, je suis si motivé que je décide de coller aussi mes trois coquilles autour du mât. Je les ai ajustées pendant des heures, à blanc, en mouillant le mât avec de l'eau de mer. J'applique ma coquille qui, elle, est sèche, là où je dois la coller. Une opération simple qui me permet de repérer les points de contact : ils deviennent d'un noir brillant avec l'humidité et, tant que la surface interne de la coquille n'est pas entièrement humide, c'est qu'il en reste à faire disparaître. J'ai poncé, limé, raboté, pour que tout s'épouse parfaitement ; ainsi, plus tard, les énormes efforts de force seront transférés de manière uniforme.

Cette fois, j'y vais donc pour de bon, un dernier coup d'œil, je réajuste, je vérifie, je colle, mais j'ai peur que la résine n'ait pris avant que j'en aie terminé. Je serre néanmoins mes coquilles, j'utilise un bout qui fait six fois le tour du mât, je tire sur deux winchs, là encore la colle ressort. C'est gagné. Il est quatre heures du matin. Un coup de chauffage par l'intérieur, un petit somme, et il ne me restera plus qu'à faire le drapage de tissu carbone pour stratifier mon nouveau mât, trois couches de tissu imprégné d'epoxy qui font le tour de l'espar, puis une dernière cuisson avec trois couvertures de survie, treize polaires et sous-vêtements recouverts de mon duvet et d'un sac à voiles. Le vent s'est levé, ce n'est pas évident de tenir le pinceau avec la résine, ça me prend une journée de plus.

C'est étrange comme tout est toujours plus long que ce que l'homme a envisagé. Mes journées sont sans fin, je me lève avec le jour, après deux heures de sommeil, je ne m'accorde qu'une sieste de vingt minutes dans l'après-midi. Au coucher du soleil, je range mes outils, j'amarre tout, je rentre à l'intérieur du bateau, sort mon antenne satellite, envoie une photo, un mail. Je donne aussi quelques coups de fil, puis je dîne, sans trop manger, sans me retenir non plus. Un petit coup de VHF avec Christophe et Thierry au moment du dîner me redonne le moral. On se raconte des histoires drôles, ils me content leur menu du soir. Moi, mes quelques moules, mes bigorneaux. Eux, les huîtres, les coquilles Saint-Jacques, les langoustes que ramasse Stewart, le pêcheur néo-zélandais. Là aussi, j'ai songé un moment à plonger avec ma combinaison de survie, mais, finalement, j'ai abandonné l'idée. À contrecœur, car ce n'est pas de gaieté d'âme que l'on entend ses voisins vanter leurs festins. Presque en toute décontraction, je prépare le travail du lendemain, fignole les menus travaux d'intérieur, sors ma lampe à néon, si j'ai encore des bricoles dehors. Puis, quand le sommeil vient dans le silence de mon île, je vais me coucher.

Les jours passent, à travailler comme un damné, à effectuer mes réparations. Le moral rivé au beau fixe. Sauf quand la douleur tombe sur le marin comme un marteau sur l'enclume : après avoir pris le radeau pour me doucher à la tombée d'un torrent, je vais comprendre ce que signifie le mot « martyre ». Mal m'en a pris en effet, l'eau était trop froide. Deux heures plus tard, ma fesse droite se bloque, se contracte, durcit, je continue à travailler un peu, mais je n'en peux plus.

J'arrête, descends dans le carré, m'allonge sur le siège de la table à carte, je me vois tomber dans les pommes. Le mal et la contracture se sont propagés jusqu'à ma cuisse. J'en viens à imaginer que c'est la fin de l'aventure, que je vais devoir demander assistance et être contraint à l'abandon. La douleur est abominable, comme une crampe aiguë, en deux fois pire. J'appelle Isa pour lui demander les coordonnées du docteur Montero, le médecin qui s'occupe de ma jambe. Elle me dit que ce n'est pas grave, qu'il faut juste que je prenne des granules homéopathiques d'arnica, et me conseille de bien boire et d'aller dormir. Je ne veux pas l'inquiéter, encore moins la paniquer. « Mais si, donne-moi son numéro de téléphone. » Elle consent, je l'appelle immédiatement, lui explique les symptômes. Il me répond que ce n'est pas dramatique, mais que mon nerf sciatique a sans doute subi un choc thermique. Il me prescrit des anti-inflammatoires, des anti douleurs, un décontractant. Trois fois, j'aurai pourtant l'impression de sombrer dans les vapes, de partir en syncope. Christophe Buchard m'appelle en VHF, mais, comme ça ne va pas du tout, je coupe la conversation, il reste en stand-by, avec Thierry Martinez, inquiets tous les deux. Une heure plus tard, je vais mieux, je les préviens.

L'hématome que je découvrirai plus tard est déjà énorme et, d'après le médecin, c'est la contraction du muscle de la fesse qui a provoqué la rupture des fibres. Le sang descend ensuite, bleuissant ma cuisse, mon mollet, mon pied. Je suis inquiet, je ne peux pas fléchir la jambe et boite comme un pensionnaire de la Cour des Miracles. Dormir pour essayer de gommer le mal. Je me réveillerai le lendemain matin en meilleur état, la douleur est revenue à un seuil supportable, mais je porte mon bas de contention qui monte jusqu'à la cuisse. Mon pied est tout gonflé, j'ai un très gros œdème, je ne peux qu'enfiler ma basket de taille 45. Et encore, j'ai un mal de chien à y glisser mon pied.

Raconter la dizaine de jours passés à l'île Stewart et toute l'opération remâtage pourrait ressembler à une mauvaise litanie, tant les ennuis divers m'ont submergé durant les heures que j'ai vécues ici. Ainsi, ma scie à métaux me glisse des mains, heurte le pont et tombe à l'eau, alors que je trébuche sur le pont. Une fraction de seconde, tandis que je la vois disparaître, je pense à plonger. Un sursaut de lucidité me retient, l'eau est très froide, l'homme fatigué. L'hydrocution guette, l'impossibilité de remonter à bord aussi. Je me souviens que lors de la minitransat, dans une journée sans vent, je godillais comme un forcené quand mon aviron était tombé à l'eau. J'ai plongé sans réfléchir, j'étais jeune alors. D'autres, après une pareille connerie, ne sont sans doute pas parvenus à remonter à bord. « Sans doute », parce qu'on ne les a jamais retrouvés. Je suis en tout cas vexé d'avoir laissé échapper ma scie, cet outil essentiel.

Dieu merci, il me suffit d'une heure de boulot pour en fabriquer une autre, peut-être moins performante mais qui saura parfaitement remplir son office. Deux bouts de rail de grand-voile solidement vissés-boulonnés autour d'une lame, et le tour est joué. Celle-ci possède l'avantage d'user les lames aux extrémités et non au centre, et je peux ainsi réutiliser celles qui ont déjà servi et que j'avais précieusement gardées.

Je connaîtrai aussi l'angoisse d'une tempête annoncée. Là encore, je vais vérifier mes deux mouillages, j'en rajoute un troisième, traumatisé par mon récent échouage, et je veille toute la nuit, nuit durant laquelle le front froid qui passe fera hurler le vent à pierre fendre. Je crains que mon ancre ne tire pas assez et qu'en cas de bascule du vent je ne sois poussé vers l'autre rive. Alors, j'ai prévu de hisser ma bôme et d'établir mon tourmentin pour faire route. En cas de gros problème, j'ai même défait le transfilage qui bloque l'arbre d'hélice. Prêt à mettre le moteur en marche et dès lors à être hors course, puisque le plomb qui certifie que le moteur n'a pas été utilisé aurait sauté. Mais je préfère cette solution à celle qui ne me laisserait que mes yeux pour constater, et pleurer, la perte de mon bateau. Jamais, en tout cas, je n'aurai vu une descente et une remontée aussi rapides du baromètre. Une chute en quinze heures de 1012,7 hectopascals à 977,6, comme sur un toboggan, et une hausse aussi brusque une fois le front traversé.

Tout cela ne m'empêche pas de progresser. Le remâtage se précise enfin. Après le passage du front, une pluie froide et violente lui succède. J'installe une tente de fortune pour travailler à l'abri. C'est là que je fixe un morceau de rail de grand-voile pour faire coulisser mes chariots. Je suis content de l'avancement des travaux, il ne me reste plus qu'à hisser mon mât en préparant l'opération de manière suffisamment précise pour qu'une fois dans la rotule je n'aie plus qu'à tendre l'étai de trinquette afin que le mât reste droit. Pour gagner du temps sur le réglage et éviter d'y monter. Des calculs trigonométriques, des schémas sur mes petits cahiers, pour le préréglage des haubans, m'ont réconforté, je suis prêt et certain de réussir dans ma nouvelle entreprise.

Je m'y attaque le lendemain du passage de la tempête. Dans l'après-midi, en pensant que, demain, je serai le plus heureux des hommes, à la barre du bateau le plus beau du grand Sud. D'abord grimper le mât sur ma bôme, ensuite translater au maximum le tube vers l'arrière pour que le pied de mât soit au niveau de son embase. Mon mât, encore à l'horizontale, dépasse, à dix mètres, du tableau arrière. J'ai préparé des drisses en tête, j'ai installé une chute de deux mètres et demi à la place théorique du mât, j'arrive à soulager l'espar mais pas à le soulever, je rajoute derrière un tube en carbone de mon enrouleur de génois, haut de quatre mètres, pour en faire un second mât. Des drisses, des haubans, je hisse mon mât avec tout ça. Néanmoins, il refuse de monter vers le ciel, je vais dormir parce que la nuit porte toujours conseil. Je rattaque le lendemain en repensant mon système. Plus costaud, avec la possibilité de rehausser le sommet du mât à l'arrière du bateau en installant mon tube d'enrouleur au sommet de mon antenne du standard B, j'installe une latte de huit mètres en barre de flèche, une nouvelle drisse qui part de la tête de mât, passe à l'extrémité de la latte, file vers une poulie du bout-dehors et revient au winch. J'arrive enfin à soulever l'ensemble, je n'ai plus qu'à reprendre mes bouts, le mât monte, de plus en plus facilement. Je déploie des trésors pour amener l'ensemble vers son embase, pour faire bouger mes dix-huit mètres de carbone légèrement inclinés vers l'arrière, pas vraiment dans l'axe comme je m'en étais aperçu lorsque j'avais fait mes tests au moment du démâtage. Mais j'ai du mal à retrouver les bons angles. Je galère, je m'inquiète, je passe trois heures à suer toute l'eau de l'océan, à craindre que la moindre broutille ne vienne briser menu mon bel édifice. Les risques sont présents : que quelque chose casse, se rompe, tombe, ou que je me blesse, là je crois que c'en serait fini. Ainsi, lorsque à un moment je suis en bout de bôme pour installer mon chariot de têtière, je me dis que, si la drisse qui retient le mât cédait, ce dernier m'écraserait le bras sans sourciller. Le bras, ou autre chose, d'ailleurs. Je n'ai jamais été aussi attentif au moindre de mes mouvements, et au moindre mouvement de mon échafaudage. Finalement, je modifie l'axe de la bôme, je tourne un peu le mât, je ressaie. Il n'arrive pas tout à fait en face de la rotule, mais il n'est pas mal, je mollis ma drisse, il vient s'emboîter. Impeccable.

Je crois que jamais je n'ai crié aussi fort, que jamais je n'ai embrassé mon mât avec autant de fougue, que jamais, du reste, je ne l'avais encore étreint. L'impression que toutes mes difficultés sont terminées. À la fin de la journée, dans une douce euphorie, je grimpe au mât pour libérer des drisses, comme dans un rêve d'enfant. Je me dis que, demain, je réglerai l'ensemble et installerai la trinquette pour faire route.

J'avais prévu une dernière pêche, des moules que j'aurais installées dans mon ballast pour qu'elles survivent jusqu'à ce que je les mange. Mais non, au plus profond de moi, je n'ai qu'une envie. D'un seul coup me prend la folie de repartir, je m'excite comme un fou, je relève mon mouillage, les conditions sont favorables, je n'ai pas de bords à tirer, pas besoin de grand-voile, je peux y arriver sous trinquette, au portant, poussé par le vent.

Un très bel éclairage m'accompagne au moment où je quitte l'île Stewart, au moment où je prends le Passage des baleines, étroit et impressionnant goulet qui me permet d'éviter de faire le tour de l'île Pearl. Je marche déjà à 6 ou 7 nœuds, je recommence à faire du mille, je suis heureux. Nous sommes le 17 janvier, j'ai mis dix jours pour effectuer mon travail, sans aucune assistance. Dans ma tête, le coucher de soleil a des airs de feu d'artifice.

C'est ma première vraie nuit depuis le départ. Je suis exténué, en manque de sommeil. Je dors longtemps, mais cela ne me suffira pas. Le lendemain matin, mon épuisement ne s'est pas évadé, il m'accompagne encore. En voulant établir ma grand-voile, à trois reprises, je m'endors sur le pont. Pour la hisser, à quatre ris seulement, je mettrai la journée, je n'ai plus de forces, et je compte les tours de winch comme si je travaillais au ralenti, comme si la punition du ciel avait décidé de ne jamais s'arrêter.

14

Les maux de la mer

Je regarde mes mains. Incrédule. Et je compte les crevasses. Comme une vision lunaire, des peaux mortes, de la chair à vif, des cratères béants. 1, 2, 3, 4, 5, 6 à la main gauche ; 1, 2, 3 à la main droite. Rien à faire. Attendre. Mon corps renaît à la vie. Et mes mains n'accompagnent que lentement le bonheur de renaviguer. La guérison sera lente, je l'imagine bien. Elles vont cicatriser, ces mains, comme si elles aussi entendaient accélérer mon renouveau. Elles ne sont plus douloureuses et, petit à petit, la peau revient. Celle qui avait disparu lorsqu'elle casse à chaque pli de phalange, dans le creux entre le pouce et l'index, sous l'auriculaire, là où, malgré les gants que j'emploie, les cordages râpent et coupent, rabotent et creusent, usant l'épiderme, faisant perler le sang.

La peau revient, comme une seconde chance, comme un très léger signe positif. Je repense alors à la douleur, aux douleurs plutôt. Font-elles partie de mon quotidien de marin ? Dois-je les partager pour sortir grandi plus encore de mes expériences de solitude ? Sans doute, comme si une forme de jouissance dans le mal naviguait sans cesse aux côtés du marin, toujours prête à lui rappeler que la vie, si elle n'était qu'allégresse perpétuelle, ne vaudrait pas la peine d'être vécue. La jouissance dans la souffrance, c'est aussi un véritable plaisir, une manière de se transcender. Cela renvoie à l'homme pas tout à fait abattu une énergie et une assurance que seule l'idée de défi peut générer. La douleur comme preuve physique des efforts qu'il accomplit, comme stigmates des périples inhumains qu'il a choisis de faire. En sachant les risques encourus.

Je mets de la crème sur mes mains, des pommades. J'ai bien des mitaines, des gants en cuir, et d'autres vraiment étanches, mais rien n'y fait, j'ai toujours eu du mal à revenir avec des mains en bon état. Difficile de dire que ma peau redevient souple, mais, pour l'instant, elle est en bien meilleur état. Je repense aux temps anciens où les matelots qui partaient pour des périples trop lointains y laissaient bien souvent leurs dents, que l'absence de produits frais abandonnait au scorbut et à ses basses œuvres. Parfois, ils y perdaient aussi un membre, une main coupée à ne plus pouvoir bourrer sa pipe, un bout de genou pour terminer une jambe hier encore valide, et, pas si rarement, la mer les recueillait en sa demeure.

La souffrance, la douleur, compagnes de tous les instants, de tous les temps, de toutes les mers, responsables aussi de nos défaillances, de nos peurs, de nos maux. Ma fesse, ma cuisse, mon mollet, mon pied à l'île Stewart, mes mains maintenant. À l'échelle de la douleur, jusqu'à quel barreau dois-je monter aujourd'hui ? Pas très haut, en fait. En tout cas, moins haut qu'il y a deux ans, quand j'avais connu bien pire.

Après l'accident de parapente, en me réveillant à l'hôpital de Briançon, qu'ai-je compris ? Que mon tibia, mon péroné, mon bassin étaient fracturés. On employait un langage de spécialiste, on me parlait de « fractures articulaires, comminutives », pour ne pas me dire que mes os étaient en miettes. Dans ma tête, un calcul rapide : quelques semaines de plâtre, et dans deux mois je suis sur pied pour la Route du Rhum. Il faudra deux interventions, un clou, deux plaques et quinze vis pour mettre de l'ordre dans ces miettes. Et puis, le 20 août, l'examen chez le neurologue. Aiguilles piquées dans le corps, décharges électriques envoyées pour tester mes réactions, deux heures durant. Et bilan prononcé en phrases courtes et sèches : « Le nerf sciatique est endommagé. Étiré ou comprimé. Deux ans avant que ça revienne. Si ça revient. » Même pas une douche froide, bien pire pour moi. Des larmes, des flots, qui mouillent méchamment mes espoirs. Je bascule, je comprends que ce sera très long, que j'aurai toujours des séquelles... Je ne sais pas, et ceux qui m'entourent non plus, si je remarcherai, si je pourrai un jour remonter sur un voilier, conduire une voiture, faire du ski.

Raconter la suite n'est pas une thérapie. Simplement le témoignage de ce qu'un homme peut choisir de faire, ou d'endurer, pour aller au plus profond de lui-même combattre la souffrance. Je suis à Briançon toujours, à grands coups d'antidouleurs neurologiques, de morphine de synthèse, j'échappe aux terribles tortures qui vrillent mon esprit, qui me veulent un mal du diable. Je dois être transporté à Lyon, puis à Capbreton pour ma rééducation qu'on me promet longue. Dans l'ambulance, le moral est bien bas lorsqu'on s'arrête à Gap. Il existe là, et Isabelle m'a convaincu de le rencontrer, un médecin adepte des thérapeutiques douces, de la santé par les plantes. Un rebouteux, disait-on jadis dans les campagnes ! Il a eu le même problème que moi, me soutient que les médicaments n'y peuvent rien, que la guérison est possible, mais ailleurs. Je me laisse convaincre et je repars avec une quantité de produits issus de fleurs sauvages, de décoctions des montagnes, de tisanes savantes. Je décide, comme me l'a conseillé mon nouveau mentor, d'arrêter la morphine et le traitement antidouleur. Je décide de croire aux vertus curatives des plantes que m'a vantées l'homme des alpages. Je décide de ma vie et de ce que je veux qu'elle devienne.

Je prends ensuite l'avion à Lyon, direction Bordeaux. Quatre rangées de sièges condamnées, et mon brancard posé dessus, et moi qui hurle dans ma tête. Et puis Bordeaux, de nouveaux examens, et en route pour Capbreton, centre spécialisé dans la rééducation des sportifs. J'y rencontre un médecin spécialiste de la douleur et commence à vivre l'expérience monstrueuse du combat contre le mal. Je ne prends plus rien, hormis mes potions et mes gélules aux plantes. Pourquoi suis-je certain que cela va fonctionner ? Parce que le médecin, homme charmant mais timide, n'a pas d'emprise sur moi, parce qu'il tente de me persuader en douceur que je fais fausse route mais qu'il ne m'ordonne pas d'arrêter ? Parce que je crois que la terre qui nous nourrit doit être capable de nous soigner et de nous guérir ? Ou parce que je pense être plus fort que la douleur et que je suis têtu ?

Je n'écoute personne, ni le personnel médical ni mes proches. Pourtant, je sens tellement la douleur s'installer le soir, lorsque je me couche. Un crescendo dans la montée vers l'horreur, comme un film interdit aux bien-portants dans lequel je serais le principal acteur. Je passe trois nuits sans dormir, suis-je donc damné ? Mes seuls remèdes, un disque d'Enya, chanteuse aux airs planants, une voix de femme, très douce, très pure, un environnement étrange et envoûtant qui me rapproche de l'image que je me fais de l'au-delà, et un livre d'Henry de Monfreid, *Aventures en mer Rouge*, avec ses passages à la limite de la vie et de la mort. Comme celui où un sorcier africain soigne un malade avec des termites à pinces. Il ouvre le ventre de celui qui endure la malemort, sort les viscères du patient et les recoud avec les pinces de ses insectes. J'imagine l'état transcendé du médecin et de son malade, je sais qu'il ne hurle pas, tandis que, moi, j'ai tant de mal à réfréner mes cris. Mais, encore une fois, qu'est-ce que l'échelle de la douleur ? Jusqu'où un homme peut-il aller pour conserver ce filet d'espoir ? Pour se convaincre qu'il va vivre, ou simplement qu'il remarchera un jour ?

Même maintenant, lorsque je mets le disque d'Enya dans mon lecteur, immédiatement, je me retrouve transporté dans mon lit de Capbreton, dans mes douleurs d'homme qui ne faisait pas confiance à la médecine d'aujourd'hui. Et je vois défiler devant mes yeux les pages noir et blanc du récit d'Henry de Monfreid. Je crois que je conserverai jusqu'au bout ces images et les étranges émotions qu'elles m'ont procurées.

Une nuit, mes parents sont à mes côtés. Cela fait déjà deux jours qu'il ne me suffit plus, pour calmer les coups d'épée qui me transpercent, de fixer mentalement mon attention sur l'autre jambe ; il ne me suffit plus de caresser avec la main une autre partie du corps pour oublier le mal qui me terrasse ailleurs. Je n'arrive plus à appliquer la technique de relaxation que je maîtrise habituellement. Je ne peux parler de douleur, je préfère le mot torture. Comme les assauts de poignards assassins dans la cheville, qui me laissent, pantin maudit, à pleurer les larmes de mon corps. Devant mon père, ma mère, jamais devant Isabelle, qui ne doit pas savoir ce que j'endure.

Ma température ne cesse de grimper. Je passe par des états où j'ai l'impression de bouillir et d'autres où le froid me gagne au plus profond des os. Mes parents ont appelé le médecin. Je me rends à la raison : on convient ensemble que je vais continuer ma pharmacopée à base de plantes pendant deux jours et que, si je ne constate aucune amélioration, je reviendrai à un traitement différent. Un dernier argument vainc mes ultimes réticences. Si toute mon énergie se borne à lutter contre la douleur, ma rééducation prendra forcément beaucoup plus de temps. Pas de répit, pas d'appétit, pendant les deux jours qui suivent.

Ma cheville, violette, transmet sa couleur morbide à l'ensemble de ma jambe. La violence m'anéantit. Je reprends la morphine, le Tégrétol, la chimie traditionnelle qu'on enseigne dans les facultés de médecine. Je resterai quatre mois à me coucher tous les soirs en serrant les dents, en sentant que très progressivement mes douleurs s'estompent. Plus tard, j'abandonnerai les médicaments, puis j'entamerai une rééducation longue.

Timide, renfermé, l'école n'est pas mon terrain de jeux préféré, même si je me passionne peu à peu pour la géographie, les mathématiques et la physique. À douze ans, mon père m'offre le livre des Damien : l'aventure maritime entre ce jour-là dans ma vie. En sixième je fabrique un radeau en bois et polystyrène et, deux ans plus tard, un kayak auquel j'ajouterai un mât, deux dérives et des roues de vélo pour le transporter avec ma bicyclette.

Bébé, je ferai mes premiers pas sur le monotype de mon grand-père, sur le bassin d'Arcachon, déjà.
À quinze ans, après un stage de voile à l'île aux Moines, le directeur du camp me propose d'être chef de bord sur un Muscadet… Je ne céderai la barre à aucun de mes trois élèves !
« Je suis skipper », écrivis-je fièrement à mes parents.

1985 : à vingt-trois ans à peine, je construis mon premier bateau de course, un voilier de 6,50 mètres, en carbone et kelvar, pour la Mini-Transat. Je viens de terminer mon mémoire d'étude sur les matériaux composites. Nous travaillons comme des fous avec Isabelle, ma femme. Ceux qui regardaient avec un drôle d'œil ce mi-Parisien mi-Aquitain ont été surpris. À l'arrivée, mon premier poursuivant avait 69 heures de retard ! Je deviendrai recordman de l'épreuve en 31 jours, 20 h 37 min et 15 sec.

© Coll. Y. Parlier

© Coll. Y. Parlier

Après la Mini, je passe au catamaran Formule 40, à la fin des années 80. Puis je reviens au monocoque, la solitaire du *Figaro*, que je remporte en 1991, mon premier Vendée-Globe en 1992-1993, où je termine quatrième, puis la Route du Café, la Route du Rhum, en 1994, un deuxième Vendée-Globe en 1996-1997, la Transat Jacques-Vabre avec Tabarly en 1997 puis la Route de l'Or en 1998, où je termine premier. En 1999 enfin, c'est la Course de l'Europe, en équipage. Je la gagne aussi.

© Coll. Y. Parlier

© Coll. Y. Parlier

Isabelle, pour la Mini-Transat, était déjà là, à me soutenir. Quand je broie du noir, que je ressasse, que ça mijote… elle trouve toujours les bonnes paroles. Sa formation d'infirmière, la connaissance qu'elle a de moi, son sens de l'écoute : elle sait si bien me réconforter et trouve toujours les mots pour me faire repartir.

Un mois après la disparition de mon ami Éric Tabarly, alors que je survole en parapente la maison familiale, en plein Queyras, je me laisse entraîner dans un tourbillon et me réveille brisé à l'hôpital. Deux ans plus tard, pas totalement remis, je prends le départ du Vendée-Globe.

© Coll. Y. Parlier

Je file plein pot sur le plateau de Rochebonne. Je vois, pétrifié, juste dans l'axe, la bouée cardinale qui signale un danger. Si je la heurte, ma barre de flèche risque d'exploser. Je n'ai pas le temps de reprendre la barre… La bouée choisit de s'incliner à vingt centimètres. Une révérence ?

J'ai déjà dans la tête le film de la course, les endroits clés à négocier : le cap Finisterre, les Canaries, ensuite le pot au noir, zone insaisissable, puis l'Équateur, l'alizé du sud-est me portera jusqu'à Sainte-Hélène, puis les portes de l'Indien... 14 novembre : jour de mes quarante ans, je déballe les cadeaux cachés par Isabelle, les enfants et les amis, dans le bateau. D'autres m'attendent, à n'ouvrir qu'à Noël.
En tête depuis le début, je passe le cap Finisterre. Premier toujours, devant Michel Desjoyaux....

© J. Vapillon

23 novembre : je mets neuf heures à réparer ma drisse de grand-voile rompue. Le 17 décembre, dans les tempêtes des cinquantièmes hurlants, mon mât de 25 mètres se brise.

© H. Lefebvre

© Th. Martinez

Avant Noël, une idée s'est doucement mise en place. Je ne peux pas continuer sous gréement de fortune, il me faut fabriquer un four pour coller ensemble les parties haute et basse de mon mât ; celle du milieu en guise de manchon. Et donc trouver un endroit où mouiller. Ce sera l'île Stewart, que j'ai repérée sur CD-Rom... Je vais manchonner ma partie haute avant d'y arriver : toute une nuit me sera nécessaire... Mon four, fabriqué à partir d'une rampe d'ampoules de 25 watts, de cloisons isothermes recouvertes de couvertures polaires et de survie, marche formidablement.

© Th. Martinez

Île Stewart : j'ai failli me casser le nez sur l'île Pearl, l'entrée du chenal qui mène à Port-Pegasus. J'entre avec la marée montante.

Je fabrique une pagaie rudimentaire : une latte de grand-voile, deux plaques de fibre de verre que j'ai en stock feront l'affaire. Je me retrouve gamin, quand je découpais des branches d'arbre et dérobais du contreplaqué pour faire avancer mes petits bateaux… Puis je m'attelle au radeau : des bidons d'eau et de gas-oil ; trois de chaque côté, un devant, un derrière.

Je pars à terre consolider mon mouillage et déloge des moules presque aussi grosses que mon poing.

Photos : © Th. Martinez

© Th. Martinez

Un fort vent de sud est entré sans frapper. Mon ancre dérape, et mon bel oiseau bleu s'échoue… Je dois porter un autre mouillage. Mais mon radeau prend l'eau, commence à couler, puis se retourne et je manque, au troisième bain forcé, perdre ma pagaie. À deux heures du matin, enfin, le renflouage s'achève.

© Th. Martinez

Ne pas oublier la lessive et la grande toilette. À terre, à la limite entre mer et sable, une source froide. La dernière fois que je me suis lavé entièrement, c'était à la sortie de l'anticyclone de Sainte-Hélène, nu sur la plage avant. L'eau était à 19 °C.

Démâter les 11 mètres de mât qui me restent. J'ébauche sur mon cahier une méthode de travail digne des ingénieurs parisiens qui ont dressé l'obélisque de la Concorde : découper à la scie à métaux la partie abîmée, glisser mon four à l'intérieur, coller.

J'utilise mon réchaud en chauffant une pièce d'alu et contrôle avec mon thermomètre. La couverture de survie fond ! Je remplace alors le Butagaz par une bougie.

© Th. Martinez

© Th. Martinez

© Th. Martinez

Le mât est réparé, il faut le mettre debout.
Je suis prêt à remâter quand une tempête s'annonce. Je vérifie mes mouillages, une pluie froide et violente succède au vent. Sous une tente de fortune, je remonte mon rail de grand-voile : je vais mettre deux jours à hisser mes 18 mètres de carbone.

Un très bel éclairage m'accompagne au moment où je quitte l'île Stewart.
Nous sommes le 17 janvier, j'ai mis dix jours pour effectuer mon travail, sans aucune assistance.
Dans ma tête le coucher de soleil a des airs de feu d'artifice.

© Coll. Y. Parlier

© Coll. Y. Parlier

© H. Lefebvre

Je rationne mes vivres, pas plus de 800 calories par jour. Je poursuis la moindre parcelle de nourriture, garde les papiers d'emballage que je mastique pendant deux ou trois jours pour être sûr d'en avoir extrait tout le suc. Le jour où mes systèmes de télécommunication tombent en rade, je craque et avale mes rations de fromage, dévore pratiquement tout mon chocolat, puis mes céréales… Je n'ai plus qu'à pêcher. Je passe une semaine à trier 400 kilos d'algues pour récupérer celles qui sont comestibles. Des pêcheurs émérites envoient sur mon site leurs « trucs » et, enfin, j'arrive à attraper ma première dorade. Plus tard, de nuit, les poissons volants viendront s'écraser contre ma voile ou se scratcher sur mon pont.

« Bienvenue à terre, monsieur Parlier. »

16 mars, 15 h 47, arrivée aux Sables-d'Olonne. Après 126 jours, 23 heures et 36 minutes passés en mer.

© Th. Martinez

Avec des examens réguliers pour mesurer ma récupération musculaire. On me dit que la rééducation sera analytique, c'est-à-dire muscle par muscle, parce que, après une paralysie comme celle qui m'a frappé, le nerf dégénère jusqu'à la moelle. Il faut donc que les fibres du nerf lésé repoussent jusqu'au bout, de la hanche à mon pied ; tous les muscles seront alors à nouveau innervés, mais rien n'est sûr. Quant à ma jambe, sans mentir, je me persuaderai progressivement que je ne la récupérerai pas totalement. Enfin, alors que tout va mieux, l'infection me menacera aussi. Un staphylocoque doré, qui s'immiscera dans mon tibia sans prendre de gants, me contraint depuis à une surveillance renforcée. Je suis même parti des Sables avec des antibiotiques spécifiques. Car, aujourd'hui, je remonte donc vers Les Sables-d'Olonne.

Ce que j'ignore dans ce plaisir tout neuf, même si je commence à me rationner, c'est que mon calvaire physique n'est pas terminé. Loin de là, la route est si longue encore qui doit me ramener jusqu'en Vendée. Qui peut imaginer que le corps humain soit susceptible de souffrir en tant d'endroits ? Ou qui aurait pu me dire que tant d'organes menacent à chaque instant de danser la carmagnole au son lancinant de la douleur qu'ils infligent ? À l'intérieur du corps, à l'extérieur aussi. Depuis l'ongle qui se détache, partie morte de mes mains fatiguées, parce que je manque de nourriture, jusqu'aux fringales ultimes, terribles, sadiques, qui mutileront symboliquement mon estomac.

En attendant, et sans imaginer mes souffrances à venir, une joie intense me gagne, celle de voir *Aquitaine Innovations* regonfler ses muscles aussi endoloris que les miens. Après quelques réglages, j'ai hissé la grand-voile, jusqu'au deuxième ris, et je suis soulagé d'atteindre une vitesse déjà acceptable. Il me reste environ 3 500 milles jusqu'au cap Horn. À une moyenne de 10 nœuds, cela me prendra une quinzaine de jours.

15

Repartir vers l'arrivée

Prendre la dimension de l'océan Pacifique, après ces vingt jours de folie harassante. Entre la préparation des pièces et les réparations sur l'île, je suis sorti complètement vidé. Dormir, me reposer, oublier les cycles de sommeil trop courts, reprendre des forces. Aujourd'hui, c'est la sérénité de la mer qui m'apaise, la respiration profonde de l'océan, le mouvement des molécules d'eau qui, je le sais, dessinent à chaque vague un cercle parfait. C'est également la présence du vent qui me réconforte, ses molécules d'air qui, elles, voyagent à une vitesse beaucoup plus grande et me cinglent les sangs en rang serré. Venant du pôle Sud, des molécules complètement vierges, vierges de toute pollution humaine, comme cet océan au qualificatif magnifique, « pacifique », pur, et vierge aussi. À l'inverse de la terre ferme où l'homme peut creuser son sillon et laisser trace de son nom, l'endroit où je me trouve est un no man's land.

Ici, c'est le pays de la liberté, celui où l'être humain ne laisse guère de signature. En quelques secondes, mon sillage disparaît parmi les flots et seule sur l'ordinateur subsiste une preuve de mon passage. Si je reviens dans des années, le paysage sera identique, mais qui se souviendra de moi ?

C'est pour ça que j'aime ce Pacifique Sud, isolé à plus de trois mille kilomètres de toute terre : d'un côté le Chili, au nord, l'île de Pâques très loin, et, à l'ouest, la Nouvelle-Zélande. Je crois que je suis dans la région du monde la plus isolée de la terre, la plus éloignée de toute vie humaine. Si ce n'est, plus au sud encore, le pôle du même nom, générateur de glaçons, réfrigérateur géant de la planète.

J'en sens les effets jusqu'ici. Je suis à la latitude de la Manche, c'est le plein été et, pourtant, je suis habillé comme si l'hiver s'invitait à manger dans ma cambuse. Mes vêtements s'empilent en plusieurs strates : 1, 2, 3, 4 tranches de polaires quand je suis à l'intérieur, et, quand je sors, j'en remets quelques couches. Un blouson, en polaire toujours, et mon ciré aussi. En bas, je porte un collant, et j'enfile par-dessus une fourrure polaire doublée de tissu imperméable, genre goretex. Il me faut rajouter, pour être totalement harnaché, cirés, bottes, bonnet et gants.

Malgré le froid, mon corps renaît en tout cas à la vie. Mes mains guérissent de jour en jour. Encore quelques cicatrices de crevasses, mais cela va mieux, bien mieux. Et, surtout, j'ai très sommeil. Je dors beaucoup, mais plus je dors, plus j'ai sommeil. Je récupère, je dors, je dors, je dors. Je bricole, je dors, je bricole, je dors...

Au sortir de l'île Stewart, une bien agréable surprise m'attend. Raphaël Dinelli, qui s'est dérouté, puis arrêté pour m'attendre et me saluer. Nous nous rencontrons en pleine mer, et l'émotion que nous ressentons tous deux est sincère, presque palpable. Raphaël n'est plus en course, il a dû faire escale en descendant l'Atlantique. Des problèmes de bord d'attaque de sa quille. Sa présence me fait du bien. Et réciproquement, il a beaucoup besoin de parler. Nous devisons longuement, il tourne des images vidéo qu'il envoie à l'organisation : les chaînes de télé sont apparemment friandes d'un marin à la longue barbe poivre et sel et veulent à tout prix voir l'homme qui repart sur son bateau réparé. La proximité de nos deux voiliers resserre nos liens comme je n'aurais pas osé l'imaginer. Nous évoquons de vieux souvenirs, lorsque j'habitais avec Isabelle dans mon Figaro solo, sur le ponton n° 10, à Arcachon. J'étais en train de préparer la course en solitaire, lui était moniteur de voile sur le bateau d'une association pour les handicapés. Les souvenirs n'ont jamais meilleur goût que lorsqu'ils remontent à la surface, alors qu'on les croyait oubliés. Raphaël déprime un peu, je tente de lui remonter le moral, je lui raconte mon précédent Vendée lorsque j'étais reparti d'Australie hors course, je lui rappelle la position dévalorisante qui était la mienne, qu'il connaît à son tour, et le plaisir que j'avais pris en remontant vers Les Sables.

La rencontre ne dure que quelques heures ; après, chacun repart de son côté, et je constate, non sans une plaisante surprise, que mon bateau marche plus vite que celui de Raphaël. À tel point que, quelques jours plus tard, mon étonnement est encore plus grand : un navire blessé, un homme pas au meilleur de sa forme peuvent s'offrir de bien jolis cadeaux. Une pointe de vitesse à plus de 24 nœuds. Presque comme avant. De bonnes conditions, mon bel oiseau bleu qui part au surf avec les vagues. Une pointe pas exceptionnelle, mais révélatrice de sa liberté retrouvée malgré le gréement de fortune. Encore une fois, j'avoue que je suis tenté de garder toute la toile possible et de tirer un peu sur le bateau. Je ne me refais pas. Mais je me retiens quand même, je dois le ménager, vérifier patiemment que tout est vraiment bien réglé, que le nouveau mât encaisse définitivement sans broncher la surface de toile. Je le regarde d'en bas, mon grand espar noir, j'analyse la courbe qu'il prend, la façon dont il répond aux assauts du vent, les tensions qu'il engendre dans les haubans. Le vent baisse un peu, les conditions sont celles d'une joie sans pareille, la mer est belle comme un cœur, m'offrant un peu de houle que le bateau suit en passant joliment dans la mer.

J'en profite bien sûr pour résorber le retard dans mon courrier. Je reprends contact avec la terre, avec mon équipe. J'envoie des télex de remerciement, ou des petits mots gentils à tous ceux qui, à distance, m'ont donné un coup de main, mes architectes, Isabelle, Agathe, Stéphane, Beat Wildberger, le fabricant du mât, Jean-Pierre Maumus, grand spécialiste des collages, sans oublier Claude Pascal et Jean-Michel Roux, les ingénieurs du CEA Cesta. Tous m'ont tant épaulé pour que je réussisse dans mon entreprise.

Je garde bien ancré à l'esprit que la course n'est pas finie, qu'elle peut encore me réserver quelques coups fourrés. Hier, par exemple, j'ai connu une grosse frayeur. Un disjoncteur a brûlé dans l'armoire électrique. Ça sent le cramé, je vais ouvrir, sans comprendre d'où cela provient. Je cherche partout, je touche tous les éléments pour sentir où c'est chaud, et ne trouve rien.

Heureusement, avant que je ferme l'armoire, un disjoncteur se met à fumer, à fondre, à lancer des étincelles. Je coupe la batterie qui est juste en dessous, j'enfile mes gants, puis je débranche le disjoncteur. En fait, c'est le premier moment de stress, un autre lui succède tout de suite. Moins impressionnant pour les terriens, mais inquiétant pour le marin : ma batterie tombe à 11,5 volts, un signal me demande de démarrer le moteur. Ce que je fais immédiatement. Le silence angoissant qui me répond est plus lourd que l'air. Rien du tout et un coup de plus pour le solitaire. S'il n'y a plus d'électricité, il n'y a plus de pilote et, s'il n'y a plus de pilote, c'est l'homme qui barre et, si c'est l'homme qui barre, où va-t-il trouver le temps de réparer ? Dans l'instant, je coupe tous les instruments pour ne garder que le pilote et ne plus consommer d'énergie supplémentaire. Je branche les panneaux solaires qui, cette fois-ci, acceptent gentiment de me fournir un peu d'électricité. Je change mon disjoncteur sans hésiter, puisque j'en ai un quasiment similaire en secours. Mais toujours rien, moteur taiseux, électricité rebelle. J'envoie un message SOS à Richard, qui connaît parfaitement l'électricité et l'informatique du bord pour savoir quels tests il faut que je fasse et quelles manips je dois envisager. Puis, au bout d'une heure, à force de tourner autour du problème, je m'aperçois que j'ai tout simplement oublié de remettre le coupe-circuit de la batterie. Forcément, le moteur ne peut pas démarrer. Fausse alerte, tout rentre dans l'ordre, mais belle inquiétude quand même.

Là, le vent est un peu monté, je fais toujours de bonnes moyennes, environ 13-14 nœuds, ce qui est formidable pour moi et tellement bon pour le moral. Le soleil est parti se coucher, la nuit tombe doucement. Ici, loin du monde et des vivants, ce sont des instants sublimes. Je ne m'en lasse jamais. La nuit dernière, c'était comme si les étoiles étaient toutes venues au bal. Pour me saluer, pour briller de leurs feux, tandis que la sphère céleste était séparée, de part en part, par la Voie lactée. Au nord, j'ai repéré les trois rois, la constellation d'Orion, que je connais déjà puisqu'on la voit aussi dans l'hémisphère Nord, et, au sud, j'ai reconnu la Croix du Sud. Je me dis qu'il faut absolument que je plonge le nez dans mes cartes, que j'apprenne les noms et les positions des étoiles de cet hémisphère. Pour l'instant, je n'ai pas eu le temps, mais c'est quelque chose qui m'enthousiasme.

Je confirme en tout cas qu'ici, à part les étoiles et les vagues, les distractions sont minces. Pendant des jours et des jours, des nuits et des nuits, on navigue, on navigue, on avance, on avance, et le bateau fait sa route, fait sa route, fait sa route, et on ne voit toujours pas de terre, toujours pas de terre, toujours pas de terre, et c'est des distances et des distances telles que l'immensité ne paraît plus avoir de limites. Et pourtant mon *Aquitaine Innovations* avance vite. Cherchant son chemin parmi les dépressions, parmi les fronts, évitant les zones de calme. Avec lui, j'essaie de renifler les vents les plus forts, les souffles les plus favorables. À l'affût. Lui et moi flairons le moyen le plus rapide pour aller au cap Horn. Avec cette conviction intérieure que nous sommes sur la bonne route.

J'ai fait une très bonne moyenne ces dernières vingt-quatre heures. Mais les distances ne représentent rien en ce bas monde : je ne suis plus qu'à 2 682 milles du rocher mythique, mais c'est quand même l'équivalent de la transat anglaise. C'est comme si j'avais encore à faire le trajet Newport-Arcachon. Avec des vents qui promettent d'être favorables, je pense qu'en une dizaine de jours, ça devrait être plié. Ce qui est formidable. Ça me fait un retour sur l'Atlantique aux environs du 4 février. Je deviens résolument optimiste sur mon ETA aux Sables-d'Olonne. Je revois mes pronostics et je m'imagine franchir la ligne d'arrivée vers le 20 mars.

Je bricole, mais tranquillement. Beaucoup d'échanges avec mon équipe, avec Isabelle, avec la presse qui s'intéresse de plus en plus à mon aventure, sans oublier de régler tous les problèmes qu'il y a à terre.

Je nettoie le bateau, je range le cockpit, je solidifie l'antenne Dartcom que j'ai réparée la veille. Je démonte le balcon arrière qui est cassé et je sauvegarde le feu arrière pour pouvoir l'installer un peu plus tard, quand je croiserai les routes des cargos.

Petit à petit, je plonge plus encore dans le Sud et je me rapproche de la zone des icebergs. Pour l'instant, la température de l'eau est de 10° ; par conséquent il n'y a pas d'inquiétude à avoir. J'attends une grosse dépression pour ce week-end avec vraisemblablement une houle haute et longue. Sur le fichier de vent, par endroits, je repère des vents de 60 nœuds. C'est quelque chose d'assez exceptionnel. J'ai branché mon éolienne qui marche finalement pas mal du tout. Là, ça fait vingt-quatre heures que je suis en autonomie totale et que je n'ai pas chargé mes batteries. J'en ai même profité pour faire tourner mon dessalinisateur, un sacré gourmand, afin de consommer l'énergie que produit l'éolienne.

J'ai à bord, je l'ai dans les mains, là, un globe terrestre. C'est toujours exaltant de pouvoir visualiser, et de parcourir du bout des doigts, le trajet que j'effectue. Tenir un globe terrestre procure une joie forte, un sentiment de toute-puissance. Je mets la Terre dans le sens où elle est actuellement, avec la verticale vers le haut qui traverse le globe à la latitude et à la longitude où je suis, et qui descend vers les antipodes. À l'envers en quelque sorte, le Sud à la place du Nord. À terre, vous l'avez sur son piédestal avec l'équateur incliné de 23° par rapport au Soleil. À bord, je le tiens de manière à avoir la terre sous mes pieds ou plutôt la mer, avec la terre autour. Là, je me rends compte que je suis très éloigné de tout. J'en profite pour sortir aussi ma carte marine : j'ai plus de quatre mille mètres de fond, de l'eau à 7°, ça fait assez froid dans le dos.

Je vois bien devant moi la route pour aller au cap Horn, j'imagine bien le pôle Sud avec la mer de Ross qui est à mon niveau et bientôt la mer d'Amundsen, explorateur qui est allé le premier au pôle Sud.

Le Horn est proche, région sauvage, région qui se mérite, région décisive : là, tant de naufrages ont coûté la vie à tant d'équipages. Là, Ross, marin-explorateur, dessina lui-même ses cartes au fur et à mesure de son périple. Un travail fabuleux qu'on ne pourra renouveler que demain, ou après-demain, quand on défrichera à notre tour la route des autres planètes.

Devant moi, sur ma carte, il y a une croix avec marqué « Gerry », c'est la dernière position connue de Gerry Roufs quand il a disparu il y a quatre ans, début janvier. Il a dû, j'imagine, se noyer dans le retournement de son bateau ou être projeté à la mer. Il devait être à l'extérieur, parce que, s'il avait été à l'intérieur, il aurait survécu sans problème. Son bateau, un cargo l'a localisé six mois plus tard en mer, la quille en l'air. À la dérive. Les secours chiliens ont envoyé un avion, qui l'a également repéré et a même tourné des images. On reconnaît parfaitement *Groupe LG*, mais pas de signe de Gerry. Il sera ensuite impossible de repérer le voilier retourné malgré les recherches entreprises. L'océan est immense, et ce n'est que bien plus tard que l'on retrouvera des traces du malheur. La coque a dû finir en morceaux sur les côtes du Chili. Une bien triste histoire, surtout que Gerry était papa d'une petite fille, Emma, qui doit avoir quelque chose comme douze ans maintenant. Ça fait réfléchir : moi aussi, j'ai une petite fille qui a six ans. Alors, il n'est pas question de plaisanter avec la vie. Je sais trop comment tout peut se terminer en une fraction de seconde. Pour moi, mettre ma vie en danger est interdit ; j'ai compris avec la disparition de Gerry, puis d'Éric et de Gérard, que c'est toujours infiniment dur pour ceux qui restent. C'est la limite que je fixe à mon défi. Prêt à tout, sauf à risquer ma vie. Car il y a si peu de la vie au trépas. L'eau, la mer ne sont a priori pas signes de mort, et pourtant il suffit de basculer par-dessus bord le temps d'une vague, le temps d'un mouvement du bateau, et c'est la mort assurée, pour nous, solitaires. J'y pense en m'assurant.

16

Le menu touristique, ou la carte ?

Au moment où j'écris ces lignes, la soirée d'hier me revient soudain en mémoire. Une fête, à l'Opéra Bastille. Un buffet, pour tous les invités. Je choisis un bol de paella afin de satisfaire mon estomac toujours en manque. Je le dévore, et ne l'ai pas encore terminé qu'un serveur m'en propose à nouveau. Je lui donne mon petit récipient, il le met de côté alors qu'il reste encore quelques grains de riz, des bouts de poivron. Avant d'en prendre un deuxième, tout beau, tout propre, qu'il remplit en me souriant. Je ne pense plus à *Don Carlos* et à la musique que je viens d'entendre, je regarde simplement mon bol pas tout à fait vide, presque choqué. Il y a encore un mois, poursuivant la plus minuscule parcelle de nourriture, je gardais les papiers d'emballage de mes charcuteries, jusqu'à en faire des boulettes de pâte que je mastiquais à plusieurs reprises pendant deux ou trois jours pour être sûr d'en avoir extrait jusqu'au dernier suc. Un emballage de jambon de Bayonne vide ? Je léchais d'abord le plastique, puis découpais les feuilles de papier gras qui recouvraient les tranches, en quatre généralement, et je les savourais comme un critique gastronomique.

Depuis l'adolescence, j'ai toujours été sensible à la bonne chère, bien que l'alimentation n'ait jamais été une de mes priorités. Je me souviens encore des colères de ma mère parce qu'à table, j'étais un enfant particulièrement difficile et qui ne mangeait rien. Le déclic s'est produit, comme toujours chez moi, vers quatorze – quinze ans ; je me suis alors mis à manger tout et n'importe quoi, comme un ogre. Mais c'est plus tard que j'ai commencé à apprécier les bonnes tables, les bons repas. Dans un restaurant gastronomique, autant qu'à la bonne franquette chez l'un ou chez l'autre, et, mieux encore, autour d'un barbecue. Une tranche de foie gras, des pâtes au beurre et au comté, quelques brochettes. Ou même la « surprise », façon Tabarly. « Tu veux que je fasse la cuisine ? m'avait-il demandé dans la transat Jacques Vabre. Ne bouge pas, je vais te faire une surprise. » Une boîte de sardines à l'huile, une poêle. Faites juste chauffer, dégustez. C'est délicieux.

Je suis bien capable de sauter un repas, et tout aussi capable de cuisiner au feeling une côte de porc à l'orange et aux pruneaux. Mais bon. Je suis parti en tout cas avec cent jours de réserves. Une liste de plats standards, et des préparations culinaires spéciales que me concocte Bruno Vanneyre. C'est un marin et un ami, adepte du bon et du bon vivre. Céréales gourmandes, semoule de blé, bœuf gardian, et même, de quoi faire frémir les Bretons, du lapin aux carottes. On connaît la superstition qui voudrait qu'un marin n'embarque jamais d'« animal à longues oreilles » ni ne prononce à bord le mot fatidique : « lapin ». Je n'y ai jamais

jamais vraiment cru, et je revois encore la tête de certains amis lorsque mes deux enfants montent à bord de leurs bateaux, tenant à la main leurs doudous. Deux peluches, espèces de Bugs Bunny tout doux qu'Emmanuelle et Nicolas n'appellent que « lapin ». Je suis donc parti en toute confiance, avec suffisamment de quoi manger, pas de produits frais hormis les deux sandwiches du départ et, ce qui rétrospectivement me fait sourire, des pâtes aux algues.

L'été dernier, nous nous sommes arrêtés à Miramas, au-dessus de l'étang de Berre. Bruno me propose de goûter sa nouvelle préparation. Des nouilles aux algues. Il me demande ce que je pense de ce plat d'aspect verdâtre : je m'entends répondre, pour ne pas le vexer, un « c'est pas mauvais » de circonstance.

J'ignorais alors que le problème de ces nouilles lyophilisées, c'est que ça ne cuit pas. En effet, elles restent toutes sèches au milieu, et très amidonnées et molles à l'extérieur. Ce qui explique qu'à bord je n'y ai guère touché, et que bientôt il ne me restera plus que les algues que je vais ramasser en mer, et mes pâtes immangeables.

Les algues, mes nouvelles amies, dont mon estomac se souviendra longtemps, dont mon corps portera même des stigmates plus intimes, puisqu'elles me causeront de douloureuses hémorroïdes. Les algues, que j'ai chassées d'abord comme cueilleur d'espoir dans le Pacifique Sud, que j'ai ramassées ensuite à grandes brassées lorsque l'occasion se présentait. C'est la troisième fois que j'en aperçois. La première fois, j'étais passé trop vite, sous spi, la deuxième aussi. Là, j'ai le temps de faire demi-tour pour revenir sur le paquet que j'ai repéré. Je fais des huit sur l'eau, trois fois, je ne trouve rien. Désespérant. La prochaine sera la bonne, je suis près des Malouines, je vois des oiseaux posés sur l'eau, m'aperçois qu'ils sont sur une grosse nappe d'algues. Je ralentis, me rapproche, affale mes voiles. Peine perdue, le voilier dérive, je recommence, fonce dans le tas, m'arrête au milieu. Je remonte 400 kilos de plantes vertes, hissés à la main au winch. J'en remplis mon cockpit, je suis ivre de joie, j'en aurai pour une semaine de trier les bonnes des mauvaises.

Je les ai fait sécher, je les ai cuisinées au jugé, jusqu'à trouver la recette la moins rebutante. Les algues, certains gourmets en raffolent, d'autres les plongent dans leur bain. Moi, je les avalerai comme un supplicié son brouet en me convainquant que le succès de mon entreprise passe par cette torture alimentaire. Car l'algue, du moins celle des Malouines, ou de l'Atlantique Sud, a un goût, une odeur, une texture que ma culture alimentaire rejette. À force d'expériences : réhydratée à l'eau douce, réchauffée à l'huile d'olive, agrémentée d'épices et de Tabasco, voire mélangée à des plats lyophilisés, coupée en morceaux minuscules, je finirai pourtant par apprécier la macroscystis – tel est son nom – et par lui reconnaître une certaine qualité gustative.

Pour cuisiner, j'ai le strict minimum, comme toujours. Une petite casserole, une bouilloire, un ouvre-boîtes de la taille d'un morceau de sucre, ni verre ni assiette, deux bols verts, un petit Tupperware pour préparer mes céréales, une petite cuillère, une fourchette et deux grosses cuillères. Des couteaux, plus nombreux. Celui que je perdrai en grimpant au mât au moment du dématage. Celui que m'ont offert avant le départ mes deux amis Jeff et Vincent. Je leur avais, ainsi le veut la coutume, donné un franc à chacun pour ne pas couper l'amitié qui nous lie. C'est toujours surprenant les relations qui se tissent entre un navigant et cet outil tranchant. Au début, je n'aimais pas ce couteau, je ne savais pas comment l'aiguiser, je le trouvais faible. Et puis notre relation s'est tendue, dans le bon sens, il m'est devenu vital. Je l'ai bricolé, démonté-remonté, scotché, utilisé pour couper les fibres de carbone du mât, ma nourriture, mes algues... Le couteau, ami du marin. Je me souviens aussi du jour de mon mariage, j'avais reçu en cadeau un beau Laguiole de mon ami Fred Guérin. Le lendemain, nous sommes partis, encadrés par Gérard, avec famille et amis, faire de la cascade de glace. Je l'ai perdu en escaladant le glaçon. Je suis revenu l'été, à la fonte des neiges, pour essayer de le retrouver. En vain, j'aurais dû m'en douter. Depuis, à terre, j'hésite toujours à porter un couteau sur moi.

Très vite, j'ai commencé l'inventaire des vivres disponibles. En repartant de l'île Stewart, j'ai bien dû me rendre à l'évidence : je n'ai plus que deux caisses de nourriture sur les six emportées au départ et, pour ne pas me laisser tenter, pour ne pas picorer comme un gamin désobéissant, je prélève juste ce dont j'ai besoin pour les deux-trois jours qui viennent. Je mets les aliments dans d'autres caisses ouvertes, et vides. Que me reste-t-il, par exemple, pour les heures qui viennent ? Des plats lyophilisés, des charcuteries sous vide, un pot de parmesan, un tube de sauce tomate, une petite bouteille en plastique de trente-trois centilitres remplie d'huile d'olive, deux de vin, une autre de champagne, un reste de biscuits, quelques céréales, moins encore de fruits secs, six boîtes de conserve de poissons, un tube de miel, une demi-bouteille de Tabasco, et deux cent cinquante grammes de beurre. Je suis surpris, angoissé par le peu de vivres dont je dispose, huit cents calories par jour, autant dire rien, ou presque. J'ai peur de ne pas arriver à me rationner, je fais envoyer par Isabelle un message à un psychiatre pour qu'il me donne des tuyaux, des indications, pour qu'il m'apprenne à me discipliner, qu'il me glisse des astuces pour enrayer ma boulimie. Qu'il me rassure. Je reçois un e-mail d'un homme d'esprit qui me précise que chez Freud, d'habitude, il faut s'allonger, que, là, la situation est différente. Des tartines de texte, des questions mais pas une idée précise. « Écrivez les réponses comme elles vous viennent, me dit le médecin des âmes, si vous faites des fautes, ne les corrigez pas. » Je laisse tomber, je me débrouillerai tout seul.

Pour résister plus encore à la tentation, je me suis fixé des horaires pour mes repas. Petit déj à 6 heures du matin, déjeuner à midi et demi, et dîner à 20 heures. Mais tout se décale évidemment. Aujourd'hui, j'ai déjeuné à 14 heures et, il y a deux jours, je me suis contenté de krill ramassé sur le pont. Des toutes petites crevettes, sources de protéines, que je capture avec un filet confectionné dans le sac à voile de ma trinquette. Parfois, ça fera du beurre dans les épinards, parfois, ça laissera l'assiette bien vide.

Pour lutter, j'ai également élaboré une sévère technique de rationnement. Avec le chocolat d'abord. J'adore le chocolat, je pourrai ne manger que ça. Il me reste quatre tablettes, il y a douze carrés par tablette, donc quarante-huit jours de vivres. Comme c'est à peu près ce que je compte mettre pour arriver jusqu'aux Sables, j'inscris sur le papier d'alu, et pour chaque carré, les dates, depuis le 1er février jusqu'au 20 mars. Comme ça, je sais exactement que je ne dois pas manger plus d'un carré par jour et qu'à chaque jour correspond son carré. Trois jours plus tard, je suis convaincu que c'est la bonne technique, et je l'emploie pour toutes mes autres denrées. Je constate que l'organisme réagit en tout cas mieux à l'absence de nourriture qu'à l'absence d'eau, c'est déjà ça. Néanmoins, psychologiquement, il est plus difficile de se rationner en nourriture qu'en eau. Il y a quatre ans, dans la tempête du golfe de Gascogne, tous mes bidons d'eau avaient explosé, suite à une rupture de l'étagère qui les supportait. J'avais attendu jusqu'aux latitudes sud qu'il pleuve pour pouvoir recueillir suffisamment d'eau douce. Et je n'en garde pas un souvenir particulièrement ému. Il faut dire que tous nos efforts à l'époque s'étaient portés sur la mise au point et la solidité du mât-aile, et que, faute de temps, on avait bâclé cette étagère et pas eu le temps d'installer de dessalinisateur...

Là, je n'ai plus grand-chose à me mettre sous la dent, c'est certain, mais je ne suis pas inquiet, je compte sur la pêche pour compenser. Je repense à Raphaël Dinelli, à son geste profondément amical lorsque, avant que nous fassions un brin de route ensemble, il avait gentiment proposé de me donner ce dont j'avais besoin. Son garde-manger était plein de nourriture, son cœur rempli d'humanité. Mais j'avais refusé. Pas question de céder, cette course était désormais entre moi et moi. Le plus terrible, une fois le tableau de rationnement établi, c'est d'abord d'attendre les heures que je me suis fixées pour ne pas grignoter à tout moment, ensuite de commencer le déjeuner, et de le terminer en me disant que j'ai toujours aussi faim. Pas de fromage, pas de dessert. Bruno, mon ami cuisinier, me conseillera plus tard de manger de manière plus variée, pour diversifier mes aliments et multiplier les goûts. Plutôt que d'ouvrir un seul sachet et de manger tout ce qu'il y a à l'intérieur, mieux vaut en décacheter plusieurs et les savourer en plusieurs repas. En commençant par le plus nourrissant pour finir par le plus léger.

Maintenant, la nourriture devient comme une obsession, j'en suis même, à la fin des vacations radio, à demander aux gens de l'équipe leur menu. Certains me répondent gentiment qu'ils ne mangent plus par solidarité, je leur rétorque qu'au contraire mieux vaut qu'ils dévorent pour deux, en pensant à moi. Les vacations, pour me faire tenir, pour ranimer le lien qui me relie à ceux qui ont de quoi manger. Je parviens tout de même à relativiser, je sais que certains, ailleurs dans le monde, souffrent de la malnutrition, de la famine, que d'autres en meurent, même. Moi, je sais qu'en arrivant aux Sables, si j'y arrive, je mangerai alors à ma faim. Ce n'est pas pareil, même si moi, homme soi-disant civilisé, je m'aperçois que je ne suis pas apte à appréhender le manque de nourriture. À la différence de ces peuples, Esquimaux, Indiens, Africains, qui dépendent de la cueillette, de la pêche ou des récoltes, et sont plus habitués que nous à des périodes de rationnement.

Je n'ai donc plus que les vacations pour me sentir soutenu dans l'effort. Aussi, lorsque mes systèmes de télécommunications seront en rade, je vais encore une fois péter les plombs. Je n'en peux plus de manger des algues, je n'en peux plus de ne pas réussir à attraper de poisson, je n'en peux plus de tout, je craque et je suis incapable de respecter alors mon plan de rationnement.

Je prends un morceau d'édam étuvé, avec les parts que j'avais prédécoupées, douze morceaux, eux-mêmes divisés en quatre. Pour quatre jours. Je commence par avaler celui du jour, puis un goût de reviens-y me happe, je vais manger mes réserves de quatre jours, puis encore quatre, puis encore quatre le lendemain. Parfaitement conscient que c'est une connerie et que je ne peux rien y faire. Et puis le chocolat y passe aussi, une tablette complète de deux cents grammes en deux jours, en me persuadant que ça ne sert à rien de la manger demi-carré par demi-carré, que c'est ridicule. Et puis le reste également, les céréales. En deux jours, je pille la moitié de mes réserves. Une boulimie insatiable, ou presque, puisque, à un moment, je parviens à renverser la tendance : grâce à l'aide de techniciens de France Télécom, à Arcachon, je peux reconnecter un de mes téléphones en utilisant deux systèmes différents. Je respire, le lien se renoue. J'appelle Hervé, je lui dis que ça ne va vraiment pas. Il me renvoie un télex me conseillant de penser à la nourriture avant de penser à rentrer aux Sables, en m'ordonnant presque de consacrer tout mon temps à pêcher. Il a raison ; dès lors, je ne cherche plus à faire avancer le bateau comme un coureur qui se veut brillant et performant, je dois attraper un poisson.

Petit à petit, je m'affaiblis, je perds en force physique, la taille de mes cuisses diminue, je le vois dans la glace ; et, quand je m'installe sur le carbone, je ne sens plus le petit coussin de chair et de graisse. À un moment donné, cela prendra même un tour problématique. Sous le bassin, je n'ai plus rien, plus de fesse, juste la peau et les os. Or, dès que je m'assieds, la peau se craquelle, se casse, tandis que je sens l'os qui m'écrase l'épiderme. Je suis irrité, ma peau desquame, je risque l'escarre. Je prends soin de bien laver mes slips à l'eau douce et de bien les sécher, de m'enduire les fesses de Sénophile, cette crème pour bébé. De placer un petit coussin de mousse verte plus une polaire avant de m'asseoir, parce que, sinon, ça me fait trop mal. Quant au sommeil, là aussi, je tente de le maîtriser plus encore. Il faut que je me détende, que je fasse de la respiration mentale pour me décontracter, pour délier mes muscles afin qu'ils ne consomment pas trop d'énergie pendant que je me repose. Je finirai avec une carence en acides aminés, me dira le docteur Chauve, le médecin de la course, après m'avoir examiné à l'arrivée. Ce qui, en mots simples, consiste à dire que, pour se nourrir, mon corps commençait à consommer ses propres muscles.

17

La dorade mythique

Pêcher est une activité que je recommande, un passe-temps admirable. Enfin, ça dépend d'où on se place. Car cela peut aussi tourner au cauchemar. Il me faut donc me préparer à attraper un poisson. Ou plusieurs.

Au début, en homme habile, je me dis que tout cela n'est que de la petite bière. Bruno m'envoie quelques conseils basiques, je me lance, muni d'un matériel succinct mais d'une forte confiance. Mon premier hameçon, confectionné dans l'inox d'une antenne satellitaire, ne me paraît pas assez pointu, et je ne sais pas comment y faire un cran d'arrêt. Je m'en fabrique donc un autre avec une aiguille de seringue, il se détord dès qu'un albatros plonge et le mord. En plus, en proportion, le fil est trop gros. Et j'ai beau tordre des dizaines d'aiguilles, rien n'y fait.

Je demande alors l'autorisation à Philippe Jeantot d'ouvrir mon container de sauvetage. Le radeau est plombé pour qu'on ne puisse pas le déplacer à bord et s'en servir comme contrepoids. J'aurai simplement à faire une déclaration sur l'honneur en arrivant, selon laquelle je n'ai pas utilisé mon radeau pour matosser, faire contrepoids, mais que je l'ai ouvert pour utiliser les hameçons.

Grosse déception, les hameçons et le fil ne sont même pas dimensionnés pour la pêche au maquereau. Là encore, mon système intéresse moins les poissons que les albatros, feintés par mes appâts. Des albatros, il y en a beaucoup dans le Pacifique Sud. Des à bec jaune, des à cils noirs. Comme ce ne sont pas des espèces en voie de disparition, je me dis que, s'il y en avait un qui acceptait de se faire plumer une fois ferré, j'en ferais volontiers mon dîner. Bon, c'est difficile de faire croire que j'imagine ces beaux oiseaux comme des blancs de poulet ou des steaks saignants, mais j'ai tellement faim ! Je présume que j'aurais pu en bouffer, et crus, pourquoi pas ? En même temps, je ne suis pas certain d'être capable de pouvoir en tuer un, il me semble que ça m'aurait même un peu traumatisé. D'autant que j'ai toujours eu une véritable vénération pour ces grands oiseaux.

Il y a quatre ans, après être reparti hors course, je suis devenu comme un observateur qui essayait de comprendre les choses de la mer. Comment vole un albatros ? À quoi pense-t-il lorsqu'il se laisse porter par les courants ? Que fait-il la nuit ? Découvrant de véritables danses célestes lorsque, comme c'est souvent le cas dans les régions du monde désertées, les oiseaux se regroupent. Sur terre, il est rare de voir des espèces différentes voler ensemble, là, j'ai parfois croisé des nuées d'oiseaux. Avec, ouvrant la route des cieux, un albatros toujours, renifleur d'ascendance, sublime dans sa façon de mener le ballet aérien ; derrière, d'autres oiseaux, moins nobles, volant moins bien, ratant parfois les correspondances avec les courants d'air montants. Pour ces raisons-là, pour la beauté du geste, cette façon de jouer avec les airs, je suppose que je n'aurais pas pu abattre un albatros. J'aurais autant souffert que lui si j'avais dû en passer par ce type d'assassinat. De toute façon, à maintes reprises ils mordent mais, comme les puffins et les pétrels, réussissent à se libérer.

En attendant, pour passer le cap Horn, je suis obligé de descendre au sud dans des zones de vents peu établis. Un comble ! Je rencontre des calmes, du vent contraire, et je perds deux bonnes journées sur mon tableau de marche. Manquait plus que ça !

Les jours se succèdent, je double enfin le Horn le 6 février ; depuis, je pêche, je pêche et n'attrape rien d'autre que des coups au moral. Il me faudra encore trois jours après le caillou pour retrouver les vents d'ouest plus au nord et réaliser à nouveau de bonnes moyennes. Cela dit, les basses vitesses sont propices à la pêche.

Et puis, un jour, je lance un appel lors de la vacation radio, en précisant que les conseils avisés seront les bienvenus.

Des conseils, mon équipe en reçoit des dizaines, des centaines sur mon site, fait le tri au sortir du chalut, et me renvoie les plus adaptés à ma demande. En rentrant, je me promets d'aller saluer André Gentil. Un gars de Morlaix, un fils de marin pêcheur qui a fait le tour du monde sur un Romanée et a vécu de sa pêche pendant son périple. Un puits de science, une compétence et une expérience de toutes les mers. Savoir qu'il y a quatre ans, alors qu'il avançait à 10 nœuds, il est arrivé à sortir des thons là, des dorades ici, qu'à la nuit noire il a installé une turlutte lumineuse et rempli un seau de calamars, ça m'impressionne. Si lui y est arrivé, pourquoi pas moi ? Il a d'abord expédié un épais dossier. Onze pages avec des dessins, le dossier a été synthétisé par l'équipe qui me l'a fait passer.

Un autre homme me sera précieux, Pierre Évenou, ancien de la marine marchande, aujourd'hui pilote dans la Gironde pour faire entrer les grands navires. C'est lui qui va m'expliquer comment, du haut d'un cargo, il réussissait à ramener du fretin, et pas si menu. Le coup de la drisse installée en tête de mât, pour relever l'axe de mon fil de pêche qui permet de pêcher jusqu'à 15 nœuds, tout en fatiguant le poisson qui surfe à la surface de l'eau, les couleurs pour mes leurres, c'est encore lui. De la laine jaune, et puis du rouge et du blanc, me précise-t-il, parce que ce sont les teintes qui font rêver les poissons.

Je voudrais en tout cas rendre grâce à tous ceux qui ont eu la gentillesse de se pencher sur mes problèmes, qui ont pris le temps de m'écrire pour me proposer leurs solutions. Je pense vraiment que, même dans la plus grande et la plus belle des bibliothèques du monde, je n'aurais peut-être pas trouvé les informations que j'ai reçues en pleine mer ou sur mon site Internet : www.parlier.org et, surtout, que je n'aurais pas rencontré ce soutien sans faille ni touché du doigt cette dimension humaine qui me permet de garder confiance.

Ainsi se déroule ma remontée de l'Atlantique ; c'est dans la dorsale anticyclonique de Sainte-Hélène, au moment où la vitesse du bateau sera ralentie par les calmes, que je me consacre pleinement à ma mission de pêcheur. Pour lutter contre la faim, j'ai commencé à récupérer du sel pour la conservation des poissons que je n'ai pas encore ferrés. Je me dis que je découperai ensuite les filets que je mettrai dans la saumure, à l'ancienne, au frais au fond de ma coque.

J'ai préparé mes lignes, enfilé le tee-shirt siglé « Arcachon » pour que les dorades me reconnaissent. Je suis sûr qu'elles vont mordre. Dans ma tête, je suis le sauvage dont la vie dépend du poisson qu'il doit sortir des flots. Mon état psychologique est le même que quand je suis en course et que je prends une option de route déterminante, envahi d'une confiance totale en moi.

La dorade, nouvelle quête. Il m'en faut une, j'en appelle à Neptune, aux dieux et à tous les saints. Plusieurs daignent répondre à mes prières, mais sans se joindre à la fête. Oh ! la dorade mord, c'est sûr, mais pas longtemps. Deux fois je parviendrai à en ramener jusqu'au bateau. La technique est simple. Pendant que je vaque, mon fil à pêche est enroulé à l'envers au winch ; lorsqu'un poisson se laisse prendre par mon leurre, le fil se dévide donc, et le winch fait cling-cling. Me voilà prévenu, je ralentis le bateau et accours avant de tenter d'éreinter la bête. En la laissant d'abord dans l'eau, puis en la sortant pour qu'elle se mette à surfer, entraînée par la vitesse du bateau. La première, je l'ai perdue à ce moment-là. C'est étrange, une dorade. Dans l'eau, ses reflets bleus brillent au filtre du soleil ; lorsqu'elle en sort, elle devient toute jaune. Celle-là donc, je commence à la remonter, doucement, pour la fatiguer ; la voilà qui surfe comme une diablesse, se débat comme une damnée. Un ami m'avait laissé entendre que, pour l'attraper, il fallait la piquer à la gaffe, sous le ventre. Ce que je fais, mais la dorade, un poisson tout en hauteur, surfe à plat sur le côté et ma gaffe ne touche qu'une partie dure de l'animal. Ça la pique au vif et elle se débat violemment avant de réussir à s'échapper. Je l'ai perdue. Une catastrophe, mais rien de grave. S'il y en a une qui mord, les autres vont suivre. Forcément. Cinq heures plus tard, même scénario. Je n'ai pas eu le temps de perfectionner ma gaffe, alors j'essaie de remonter ma prise sans utiliser l'engin fait d'un tube carbone sur lequel j'ai scotché mon couteau du bord avec la lame inclinée à 45°. Doucement, je la remonte le long du bateau, puis, d'un mouvement ample comme une prise de judo pour que la tension du fil ne se relâche pas, je la fais passer à côté de moi afin qu'elle retombe dans le cockpit. Je rate mon coup, la dorade se reçoit sur la plage arrière où rien ne l'empêche de retourner à la mer. Aussitôt, je l'immobilise avec mes deux mains, constate qu'elle est hyper-glissante. C'est un véritable combat qui se déroule alors. De toutes mes forces, je tente de la bloquer pour l'empêcher de glisser, puis, une fois la prise bien assurée, je la balance dans mon cockpit. Elle peut bien se débattre avec l'énergie du désespoir, elle n'en sortira plus. Le sang coule, je vais chercher mon couteau, je la saigne sans hésiter. Quatre-vingts centimètres de poisson frais, 4 kilos de bonheur, je rêve. Je coupe la tête, je la vide, j'ouvre les viscères et constate avec joie que son estomac contient trois poissons volants. Ou, du moins, les restes de ces petites bêtes. Rangés comme dans une boîte de sardines. Le dernier avalé est entier, les deux précédents déjà en phase de décomposition. Un peu faisandés, mais je ne vais pas faire la fine bouche. Je les fais cuire au court-bouillon. Un goûteux délice. La tête, tous les organes, sauf la peau de l'intestin, les nageoires, sont portés à ébullition à l'eau de mer. Pantagruel me ressemble sans doute.

Je découpe ensuite les filets au couteau, et, comme la dorade est fraîche et épaisse, de la chair reste accrochée à la grosse arête qui me fait penser à celles des bandes dessinées, parfaitement découpée, à faire bander un chat. Je mets l'ensemble à sécher au soleil après avoir fendu les filets en dix, avant de les rentrer le soir dans un endroit bien ventilé par le courant d'air créé entre les trappes des cloisons étanches avant et arrière. S'égoutte alors un jus un peu poisseux, collant et odorant. Je devrai le nettoyer à la Javel. En tout cas, je suis sauvé.

Plus tard, mais sans que j'y sois pour grand-chose, des poissons volants pousseront la courtoisie jusqu'à se poser sur le bateau. J'ai en effet installé mon néon sur le pont pour attirer ces animaux extraordinaires dont l'observation minutieuse me passionne. Une telle création de la nature me fascine, et je rêve de pouvoir un jour faire voler mon bateau comme eux savent le faire. L'ampoule éclaire bien, mais les poissons volants mettront un certain temps avant de s'inviter à ma table. Je les vois passer devant l'étrave, ou à côté du monocoque, mais, au début, le vent n'est pas assez fort pour qu'ils décollent jusqu'à la hauteur du pont. Pas de fritures dans l'immédiat, mais cela ne saurait tarder.

Enfin, j'attendrai quand même l'alizé du nord-est pour, en une nuit, récupérer jusqu'à trente de ces habitants des mers et des airs. Trois jours de suite, ils vont se précipiter et répondre à mes sollicitations. C'est l'ampoule de 25 watts, que j'ai posée après avoir constaté que mon néon ne fonctionnait plus, qui les attire, le poisson prend son envol avant de venir taper sur ma voile ou sur le roof éclairé. À ce moment, il chute sur le pont et, à cause de la gîte, je dois le récupérer au plus vite, avant qu'il reparte chez lui. J'ai aménagé un système anti-retour qui fonctionne à merveille. Une barrière installée tout le long du bateau, construite avec des morceaux de mât et des lattes. C'est très efficace.

Ces exocets, c'est leur nom de guerre, constituent la totalité de mes repas. La recette est simple : après les avoir rangés au fond de la casserole sur deux étages comme des sardines, je les recouvre d'eau de mer, porte à ébullition avec maints tee-shirts et couvertures de survie pour faire couvercle et économiser mon gaz, puis je coupe le réchaud, laisse refroidir cinq à dix minutes. Ensuite, je mets les tee-shirts sur mes cuisses, pose ma casserole dessus, attrape le poisson volant par la queue, détache toutes les écailles avec l'autre main et en mange la totalité, sauf les ailes, s'il est petit. S'il est plus gros, je croque les filets en les détachant de l'arête centrale et mange la tête morceau par morceau. La chair, plutôt grasse, est très bonne et d'un goût proche de celui de la sardine. Je pile aussi les arêtes car, d'après les nutritionnistes, elles contiennent des protéines. Bien que je ne mange que ça, je ne suis pas écœuré et me régale.

Plus tard, quand j'aurai assez de réserves en algues et en poissons, quand je saurai que je peux remonter jusqu'aux Sables sans avoir besoin de me rationner outre mesure, je continuerai pourtant à dépeupler les océans. Veillant toutefois à conserver en souvenir un poisson séché, histoire de montrer aux enfants et aux terriens qui sont ces étranges animaux qui ont fait don de leur corps pour ma survie.

18

L'air de la communication

Que serais-je devenu sans communication ? Comment aurais-je traversé ces océans d'épreuve sans ces outils technologiques qui font du solitaire un homme, ou une femme, toujours en relation avec les autres ? Ce sont les questions qui me taraudent tandis que je me rapproche de nos côtes occidentales. Tous les jours, alors que la distance avec Les Sables s'amenuise, que la date de mon retour au port se précise, il me faut en effet donner des nouvelles. Même si j'ai l'impression que ce qui m'arrive désormais est moins fort que tout ce que je viens de vivre, je dois, encore et toujours, fournir de l'information chaude, brute, parce que l'on attend de moi des révélations, parce que personne ne veut distendre le lien tissé depuis quelques semaines autour de mes aventures. Je mesure assez bien l'avidité de cette société qui en demande toujours et toujours plus. Raconter, chaque jour, les conditions météo, la vitesse du bateau, la nourriture que j'ingurgite alors que je suis tiré d'affaire, les menus travaux que j'effectue, tout cela me paraît presque vain à l'échelle des quatre mois de solitude extrême qui s'achèvent enfin.

Je n'ai pas toujours été un grand bavard, je n'ai pas toujours goûté au bonheur ni forcément apprécié de faire partager mon expérience aux autres ; j'ai même en tête de cuisants souvenirs qui remontent, alors que je m'approche de l'anticyclone des Açores et que je ne suis plus qu'à quelques jours de mon arrivée.

J'étais fort jeune à l'époque, je venais d'en terminer avec mon mémoire de fin d'études à l'Institut des matériaux composites et m'étais lancé dans mon premier grand projet. Le fameux voilier entièrement conçu en matériaux composites. Il s'agissait alors d'un projet de recherche, pas encore d'un projet sportif. Et c'est à ce titre que j'ai été appelé à m'exprimer en public. Une conférence dans un amphithéâtre devant une meute sympathique de pontes du carbone, du kevlar et autres matériaux spéciaux. J'ai été incapable d'aligner trois mots. Introverti, timide, dyslexique, un cauchemar. La salle a dû le sentir, puisque à la fin de mon speech, court et probablement incompréhensible, tout le monde a applaudi, comme si ceux qui avaient eu la politesse de m'écouter voulaient m'assurer de leur soutien dans cet horrible supplice.

Cela n'a jamais été facile pour moi de m'ouvrir aux autres, ou ça l'est devenu mais très progressivement. Un manque de confiance en moi, certainement. Avec l'âge, l'expérience ou les conseils de mon équipe. Ainsi, après ma victoire dans la minitransat, il y a déjà quinze ans, tout le monde me prédisait un avenir facile. Mais j'ai vite compris que ce n'était pas si simple lorsqu'il s'agissait d'aller défendre un projet, tout seul, tout petit, devant un chef d'entreprise, une institution, un sponsor potentiel.

Que ce soit pour la course de l'EDHEC ou en Formule 40, je bloquais à tous les niveaux. D'abord, pour concevoir le dossier à soumettre, puis lorsque je devais le présenter devant des gens que je ne connaissais pas et qui m'intimidaient atrocement.

Depuis, j'ai sans doute fait quelques progrès. Le marin d'aujourd'hui doit savoir tout faire, même communiquer. Il n'est plus du genre à balancer au lance-pierres quelques nouvelles et rouleaux de pellicule photo lorsqu'il croise un cargo. Ça, c'était l'époque Moitessier. Même Tabarly, réputé pourtant fermé à de nombreuses formes de communication, avait finalement dû céder, car il avait compris qu'il fallait fonctionner avec le sponsoring, la communication maîtrisée. C'est l'époque qui voulait ça, les retours sur investissement, la visibilité d'un projet, la pression d'un commanditaire.

Et pour ça, aujourd'hui, je dispose, nous disposons, d'une batterie de moyens de communication chaque fois plus perfectionnés. Les noms en sont savants, standard B, standard C, mini M et standard B définissent des tailles d'antennes et de débits différents transmettant des données numériques par un des quatre satellites géostationnaires d'Inmarsat à la station terrestre d'Aussaguel, au pied des Pyrénées. Des histoires de transmissions, mais l'utilité est toujours la même : tresser un lien solide entre celui qui est parti loin et ceux qui sont restés. À ce propos, une dernière anecdote, pour montrer que, si, encore jeune, je n'étais pas un immense communicant, le téléphone ne m'était pas inconnu. C'est au moment de l'arrivée de la minitransat, de l'autre côté de l'Atlantique. Je suis en tête et je veux l'annoncer en priorité à

Isabelle. Je sais qu'il existe un relais téléphone à la Guadeloupe et, via la VHF, je parviens donc à joindre Isa. Elle est à Briançon, moi sur l'océan. Le téléphone sonne longtemps, elle décroche. « C'est moi ! » Grand silence, inquiétude peut-être : comment, il n'est pas en mer ? « Ça va ? J'arrive aux Antilles, je suis en tête. – Oui, oui, ça va. » Et on a raccroché.

Aujourd'hui, avec les liaisons satellite par exemple, et quand elles fonctionnent, je sais que je peux être en contact avec la planète entière. En me rapprochant de l'arrivée, je repense régulièrement aux conseils de pêche que j'ai reçus via les satellites, via Internet, alors que j'étais si loin de toute terre habitée. Si un pêcheur en Alaska, ou en Sibérie, avait voulu m'aider, il lui aurait suffi de m'envoyer un mail avec son numéro de portable, et je pouvais l'appeler, échanger des impressions, discuter technique de pêche.

En même temps, cette masse d'informations qui tourne infiniment plus vite que moi autour de la planète, je peux l'imaginer comme une aide appréciable, une béquille morale, et lorsque je réfléchis à la possibilité de partir en famille autour du monde, avec Isabelle et les enfants, je sens bien comment cela pourrait fonctionner. Nous serions à la fois en autonomie totale, mais aussi toujours reliés aux autres, où que ce soit. Les échanges possibles pourraient certainement nous apporter énormément de bienfaits, à Isabelle, aux enfants et même à moi. Il n'est bien sûr pas question de remplacer les rapports humains, mais quel formidable moyen pour apprendre à se débrouiller seul, et quelle merveilleuse façon d'utiliser Internet et les liaisons satellite pour faire partager ce que nous vivons, envoyer des informations aux autres et en recevoir en sens inverse pour réussir à mieux dominer notre situation. Il n'est pas question qu'Internet et les liaisons téléphoniques du bout du monde prennent la place des rencontres que l'on peut faire, des contacts que l'on peut nouer. Je n'oublierai jamais que le téléphone n'est pas la panacée, je n'oublierai jamais que c'est à cause d'une panne de communications que je suis devenu à moitié fou et que j'ai dévoré pratiquement toutes les provisions qui me restaient. Là, j'ai compris à quel point les relations satellitaires pouvaient m'entraver, me faire perdre mes repères de solitaire, me rendre dépendant d'une voix, de quelques phrases, d'un contact quotidien avec les autres êtres humains.

Je sais aussi que tout cela a un coût, que rien n'est gratuit.

D'une manière générale, les frais de transmission représentent une part importante de mon budget. Entre les échanges, voix, textes, photos compactées, ou en sens inverse, la réception des fichiers de vent pour affiner ma route, sans oublier les images vidéo que j'envoie grâce aux caméras embarquées, c'est un budget d'environ trois cent mille francs que j'ai prévu de consacrer au Vendée Globe avec l'aide de France Télécom. Lors de mon tour du monde, je l'apprendrai en rentrant, j'aurai passé plus de cent dix heures au bout du fil, avec des pointes énormes en fin de parcours, puisque mes « records », établis peu avant l'arrivée, montent jusqu'à quatre heures de télécommunications quotidiennes.

J'ai même, depuis le bateau, participé à l'assemblée générale d'Epsilon-Composite, une société de haute technologie dont je suis actionnaire à 25 %. Une histoire d'amitié, encore, qui n'a rien de virtuel ou de téléphoné. C'est avec Stéphane, mon copain d'études, que j'ai créé la boîte quelques mois après notre diplôme. EDF lui avait proposé, sur sa bonne mine, un programme de recherche de cent mille francs. Nous nous sommes débrouillés pour trouver un banc de traction et fabriquer une machine permettant de confectionner des anodes en carbone. Installés dans le garage de son père, nous avions pu mener à bien le programme. Aujourd'hui, l'entreprise produit des profilés en carbone pour le monde entier, compte près de soixante personnes, et l'usine, établie sur 4 000 m^2, est désormais trop petite.

Tandis que je remonte vers Les Sables, je reçois par mail la convocation pour l'assemblée générale, avec l'ordre du jour et l'heure de la réunion. J'appelle à l'heure dite, l'homme du standard est prévenu, un haut-parleur a été posé, les discussions commencent. Je leur raconte ce à quoi j'ai réfléchi, les projets que j'ai en tête pour améliorer le mât, les lattes, les nouveaux profilés, les nouvelles technologies qu'il faudra mettre en œuvre. Et je termine en bon actionnaire dormant, en leur disant que je suis à fond derrière eux, qu'ils peuvent réinvestir tous les bénéfices... Je raccroche, je suis un homme heureux.

Communiquer en mer a toujours été plus facile que communiquer sur terre, intervenir lors de débats, participer à des réunions importantes, même si, de temps à autre, je me dis qu'un Vendée Globe sans communications téléphoniques, sans que l'on puisse connaître les positions des autres concurrents, ça donnerait sans doute une course tout à fait différente. Alors, oui, c'est vrai, parfois je rêve d'une épreuve en solitude plus extrême encore. Certains ont glosé après le dématage sur le fait que j'aie décidé de continuer la course. Des personnes malintentionnées, ou me connaissant bien mal, ont même prétendu que je le faisais sur ordre de mes sponsors, qu'il s'agissait d'une opération de communication pour que l'on parle encore de moi. Isolé sur mon petit bateau, je n'ai pas souffert de cette pitoyable analyse. Mais personne ne m'a obligé à faire ce que je suis en train d'achever, nous ne sommes pas au cinéma.

En même temps, je dois aussi admettre que la couverture médiatique de mon aventure a été énorme et que, d'une certaine manière, j'y ai trouvé mon compte, mais jamais je n'ai envisagé de poursuivre pour des questions de basse communication, ou de retombées dans la presse. On m'a reproché de n'avoir persisté que pour obéir à mes partenaires, à un moment où ceux-ci auraient sans doute préféré que j'abandonne, inquiets pour ma santé personnelle.

Je n'ai pas envie non plus de laisser l'initiative du scénario aux journalistes, car alors tout devient spectacle. Comment d'ailleurs aurais-je pu imaginer après mon dématage une telle médiatisation ? Je me souviens même que, quand Christophe Buchard m'a appelé pour me dire qu'il allait venir sur l'île Campbell ou l'île Stewart, je n'en croyais pas un mot.

Oui, j'ai communiqué, mais aussi parce qu'on me demandait chaque jour de quoi étaient faites mes journées, parce que mon aventure paraissait intéressante à partager, que les médias sont toujours prêts à nous mettre l'inédit à la bouche. Ce n'est pas moi qui ai proposé à une chaîne de télévision d'affréter un bateau pour venir me filmer alors que je n'avais rien à manger. C'est tout le paradoxe de la course, la dualité de cette situation de sportifs sponsorisés, obligés d'en passer par là, parfois à contrecœur. Conscients, toutefois, que la société du spectacle ne doit pas nous transformer en hommes-sandwichs de ses désirs, ou nous faire passer pour des clowns à la limite de la rupture.

19

Tourner les pages

Combien de fois, en me demandant pourquoi j'avais fait tout cela, me suis-je rappelé les *Damien*, tout en me rapprochant de l'arrivée, ces trois livres dont la lecture a été, incontestablement, un tournant complet dans mon existence ?

La puissance d'un livre, l'émotion qu'il procure sont difficiles à définir, mais je crois qu'il n'y a pas grand-chose qui ait autant influencé ma vie : c'est le premier tome des aventures de Gérard Janichon et de Jérôme Poncet qui m'a décidé à faire le tour du monde. J'avais douze ans, mon père venait de me l'offrir et je l'ai tanné pour qu'il m'achète les deux autres tomes. Je les dévorerai pareillement.

Il y a des livres et des écrivains de mer qui marquent les esprits, qui modifient des parcours, qui changent des destinées. Moitessier, bien sûr, et sa longue route, Bombard peut-être, naufragé plus volontaire que moi, mais rien n'a jamais été aussi fort que la découverte de ces deux jeunes marins partis à l'aube des années 1970 à l'assaut du monde liquide, en allant vers le nord d'abord avant de sillonner le globe. Deux marins auxquels je m'identifierai dès la première lecture et qui connaîtront au cours de leur périple des naufrages, des chavirages, un démâtage, et toutes sortes de péripéties. Plus qu'un déclic, une raison de vivre.

Je songe à cela en remontant vers Les Sables, à cela et à tant d'autres choses. Comme si le fait d'être sur le point de revoir les miens, à qui je n'ai cessé de penser, m'obligeait aussi à réfléchir à un nouveau départ, à de nouveaux challenges, sportifs ou familiaux. Plus j'avance, plus j'ai besoin – sans doute aussi parce que je ne lutte plus pour une place dans la course – de me poser des questions sur la vie, sur ma vie. Pourquoi en suis-je là ? La route est-elle encore longue, et le temps qui m'est alloué va-t-il me permettre de connaître d'autres expériences aussi fortes, aussi belles, ou plus terribles que celles que j'ai déjà vécues ?

C'est au moment où j'ai découvert le livre de Janichon et Poncet que j'ai commencé à ne plus être en rébellion avec la société, là que je me suis rendu compte que ma vie m'appartenait, enfin que j'ai compris que cela ne servait à rien de se révolter contre ses parents, de fuguer, de disparaître dans la forêt, et de refuser de répondre lorsque j'entendais ma mère m'appeler : tant qu'elle me cherchait, je me forçais à ne pas revenir. Je me planquais, je tournais chenapan, presque petit voyou de sous-préfecture, allant, avec mon arc, dégommer les lampadaires. Pas encore un tueur de poules, mais plus très loin.

Jusqu'alors, je n'étais jamais parvenu à me plonger dans un livre. Celui-ci m'a projeté dans un autre monde. M'a fait succomber à l'aventure, m'a propulsé dans le sillage des deux marins, à tel point qu'à peine adolescent, je devais avoir treize ans, je suis allé les voir lorsqu'ils ont présenté leur documentaire à la Mutualité. J'ai vu, là, deux babas cool, un peu Woodstock et farine complète. Je me souviens même d'un passage du film où ils lavaient leurs jeans en les traînant dans le sillage de leur bateau.

Je me demande parfois ce qu'il me serait arrivé si je n'avais pas lu ce livre, si le démon de la mer ne m'avait pas mis le grappin dessus. Je crois aujourd'hui que j'aurais raté ma vie, que l'aigreur aurait guidé mes pas ; je ne me serais pas intégré, je n'aurais pas été intéressé par l'école, je ne serais pas allé loin dans mes études. C'est aussi, et sans prétention aucune, ce pour quoi j'ai envie d'écrire un livre. Si seulement, à mon tour, je pouvais donner le déclic ne serait-ce qu'à une seule personne, j'ai l'impression que mon tour du monde n'aura pas été inutile.

Bien sûr, entre les menus travaux que j'accomplis tandis que je me situe de plus en plus près de l'équateur, j'ai l'esprit encombré. Mais les projets d'avenir m'occupent aussi l'esprit, j'ai besoin d'y réfléchir, l'heure y est propice. Et, dans le même temps, le plaisir d'être en mer me submerge. Je viens de passer une nuit superbe, une de mes dernières. Pleine lune, lumière diaphane, j'en ai profité pour contempler encore et encore les étoiles. Aujourd'hui, je suis sous un ciel bleu parsemé de quelques nuages. Je ressens au plus profond de moi cette belle et grande navigation hauturière. La mer respire, différemment des tropiques. Je sens bien que les latitudes nord ne sont pas loin, car l'eau n'a pas la même couleur, et le ciel non plus. La température baisse, j'ai un plaisir presque insondable à revoir une mer à laquelle je suis habitué.

C'est toujours important pour le marin de changer d'hémisphère, de repasser de l'autre côté. D'abord, parce que les systèmes météo n'ont plus le même sens, influencés notamment par la célèbre force de Coriolis ; ensuite, parce que, symboliquement, les saisons se modifient, je passe de l'été austral à l'hiver, et enfin les latitudes augmentent et me rapprochent indéniablement de celle de la France. Au moment de franchir l'équateur, il me reste une mignonnette de champagne, je la garde pourtant sous le coude pour des jours meilleurs encore. Question alimentation, je suis bien. Ma provision d'algues me permettra de subvenir à mes besoins jusqu'à l'arrivée, si toutefois je ne les vomis pas et que je supporte l'excès d'iode ; mes poissons séchés m'ont aussi permis de garder en réserve quelques plats lyophilisés, j'ai encore trois ou quatre jours de lait en poudre, tandis que se sont amenuisés mes stocks de poudre de châtaigne et de miel. Et que le chocolat et le fromage ne sont plus à bord depuis déjà longtemps... mais ce n'est pas ça qui va m'arrêter.

Jamais encore je n'avais eu cette impression, montant du sud vers le nord, d'être à la surface du monde et d'aller à la rencontre de la voûte céleste. Quand j'aperçois les premières étoiles de l'hémisphère Nord qui commencent à monter de l'horizon et que, chaque nuit qui passe, leurs positions bougent et évoluent dans le ciel sombre, je sais que c'est moi qui tourne, en même temps que les planètes, mais pas tout à fait comme les planètes.

Avec mon beau bateau bleu, je participe de ce mouvement, j'en fais partie à mon échelle. Petit à petit, je peux saluer la Grande Ourse, puis, bientôt, l'étoile Polaire que je n'avais pas vue depuis si longtemps, tandis que se perdent vers le sud les constellations que j'avais pris l'habitude de reconnaître, la Croix du Sud, la constellation du Scorpion. La même chose, en fait, que ce qu'ont dû voir Gérard Janichon et Jérôme Poncet. Au fur et à mesure que je remonte vers le nord, je fais basculer mon horizon et lever les étoiles. J'ai tant et tant de fois emporté les *Damien* avec moi, tourné leurs pages à les déchirer, que je ne peux rien oublier. Je revois encore les couvertures jaunies, je sens le papier blanc devenir gris sous mes doigts, puis rêche, je revois les photos que je disséquais comme un fanatique. Et je me souviens bien sûr de leurs titres comme d'une courte poésie sur la géographie du monde, *Du Spitzberg au cap Horn, Icebergs et mers australes, L'Antarctique à la voile.* Rien que dans ces associations de mots, tout est dit de la dimension planétaire du voyage.

Lorsque je me rends compte que je suis dans la dernière ligne droite, que les milles diminuent, je me dis qu'il faut à tout jamais que je me rappelle, que je stocke les instants de ce tour du monde, que je les garde en mémoire pour pouvoir les offrir à tous ceux qui le désireraient ; je me demande également si un jour je les rencontrerai à nouveau.

C'est mon autre question. Elle requiert une réponse plus circonstanciée, un peu de recul sur ce que je viens de vivre et qui se termine. En même temps que je regarde les livres que j'ai emportés et qui sont restés dans leurs emballages sous vide. Je suis parti des Sables avec quatorze ouvrages, sept choisis avec Isabelle, et sept autres offerts par des amis avant le départ. La lecture en mer est un acte révélateur : sur une transat, je ne suis jamais parvenu à lire un seul chapitre. Trop vite, trop de boulot, trop de volonté de l'emporter. En revanche, lors de mon premier Vendée Globe, j'ai beaucoup lu après mon remâtage ; dans mon deuxième aussi, surtout après ma mise hors course, quand j'ai été forcé de faire escale. J'ai même acheté plein de bouquins en Australie, au moment de repartir. Faut dire que je m'ennuyais. Cette année, ce fut plutôt le contraire. Pas le temps d'ouvrir *Belle du seigneur*, que je me suis pourtant promis de lire, pas le temps de plonger dans des polars qui d'habitude me détendent les neurones. Non, pas le temps de... Sauf la première partie d'un livre, une cinquantaine de pages, à peine, *La Plus Belle Histoire de l'homme*, une série d'interviews de scientifiques sur l'origine de l'humanité. Je le reprendrai plus tard, à tête reposée.

Dans l'intervalle, je songe à ma famille, à tous mes proches qui s'impatientent et m'attendent, déjà fébriles. Je n'ai jamais cessé de penser à eux bien sûr, mais je sens gonfler dans mon cœur le plaisir de les revoir. Il faut aussi, de manière disons plus administrative, que je commence à discuter du timing de mon arrivée, et du programme prévu qui s'annonce musclé. Je donne mon avis, je prie l'équipe de mettre un dernier coup de collier pour bien organiser les événements à venir. Il y a aussi des choses qui se mettent en place sans que je le sache, je souffre de ne pas être mis au courant de tout, j'ignore ce qui se passe, et j'aimerais pourtant savoir.

J'ai presque envie déjà de faire la fête, alors que je viens à peine de caresser l'équateur. Il y a quelques jours, j'ai navigué au large du Brésil, pas très loin même, 50 milles environ de Recife, la ville la plus à l'est du pays. C'était la période du carnaval, Rio de tous les plaisirs, Bahia de tous les saints. Une fois évacuée ma grosse déprime alimentaire, j'ai le cœur à la samba et j'aimerais participer à la fête qui doit se dérouler au son des orchestres trépidants. Parmi les disques que j'ai emportés, j'en ai deux de musique brésilienne. Je les écoute en boucle, comme je me laisse volontiers porter par le *Requiem* de Mozart lorsqu'il fait beau, que le soleil se couche, que je suis sur le pont.

Le Brésil, la fête, les femmes. On me demande souvent, avec un sourire entendu, ce que vit l'homme seul pendant plus de trois mois. Des fantasmes, on peut en connaître, mais il faut avouer que le manque de sommeil calme les pulsions sexuelles, je le garantis. Si de temps à autre, en mer, le marin peut prendre un plaisir solitaire, dès que je suis dans un rythme de course, c'est un geste rare. Avec le sommeil fractionné par périodes de vingt minutes, il m'arrive souvent de rêver ; néanmoins, ces rêves ne sont pas plus érotiques qu'à terre. Simplement, parfois, au moment de se coucher, lorsqu'on se glisse dans son duvet, on songe à son épouse, aux femmes qu'on a aimées. Et on s'endort en pensant trop brièvement à la présence féminine qui nous manque, à l'absence de contact physique, de chaleur humaine, de caresse sur la peau. On se projette à terre dans le lit conjugal, dans des draps secs et propres. Enlacé avec l'être cher et enivré de son odeur.

Je suis en face du Brésil, donc, et Isabelle m'envoie un télex, comme tous les jours : « Yves, pourquoi tu traînes ? » Rio, Bahia, pas si loin... Je suis à 50 milles des côtes. Mon cœur fait semblant de balancer : aller vers Les Sables ou faire la fête à Copacabana, l'ambiance est chaude à bord. Bientôt, l'hémisphère Nord.

Le bateau avance vite, 11 nœuds de moyenne, des pointes à plus de 15. Il glisse même de mieux en mieux. Il y a un peu plus de vagues que les jours précédents, mais celles-ci poussent mon bel oiseau en arrivant par l'arrière, comme si elles voulaient le raccompagner à la maison. À ce rythme-là, l'équateur va être vite avalé et je retrouverai le pot au noir dans la foulée. C'est du bonheur en barre. Depuis les Malouines, je n'ai pas enfilé mon ciré, sauf pendant deux jours de coups de vent. Et, je ne sais pourquoi, *Aquitaine Innovations* s'est mis à l'unisson, il vibre moins, devient moins bruyant. L'âge peut-être, ou la sagesse ?

De là à dire que je suis en vacances, non. Pendant la remontée, les travaux continuent, avec le spi léger qui va se déchirer. Après avoir doublé Recife, et le Brésil, je l'ai renvoyé, en le surveillant comme le lait sur le feu. J'ai déjà perdu mon spi lourd au large de l'Argentine, je dois absolument conserver celui-là. De nuit pourtant, alors que je suis épuisé, il va se fendre, depuis le nœud que j'avais installé en haut pour l'ajuster à la taille du mât, jusqu'en bas. Je mettrai trois heures à le ramener sur le pont. Il est irréparable.

Mais c'est le génois qui me donnera le plus de fil à retordre. Je dois, pour m'en servir, le retailler. Aléas, broutilles ? Pas vraiment. Un boulot laborieux. Je l'avais récupéré dans l'eau, déchiré en deux après le dématage. En conservant le point d'amure, et en retraçant au feutre un nouveau guindant, je pense être en mesure de me reconstituer une solide voile d'avant. Je couds un nouveau point de drisse, cinq mètres plus bas. Je plie donc en deux le bord le plus long, point d'amure et point de drisse positionnés à la longueur du nouveau guindant, puis je le hisse afin de le plier vraiment correctement. J'y parviens avec difficulté, trace mon guindant puis coupe au couteau ma nouvelle voile. Il me suffit ensuite de coudre un fourreau le long du guindant dans lequel je fais passer un cordage en vectran. Une couture sur dix-neuf mètres, une épreuve épuisante. Mais cela doit marcher. Cela doit... Quand je l'envoie, je m'aperçois que la forme n'est pas du tout celle que j'attendais. Il me manque quelque quatre-vingts centimètres en négatif de guindant. Pas grand-chose ? Si, en fait. Je ne suis pas content de moi, même si finalement le génois fera l'affaire. Mais pas en voile d'étai, juste en guindant libre.

Mon ami le pot au noir, nous revoilà. Il n'est pas très actif cette fois, presque inexistant. Je le traverse par un vent de travers, à 6 nœuds, et je crains que cela ne mollisse, car je suis encore dans la zone. Mais l'équateur est enfin derrière nous. Le temps de lire ? Toujours pas. Même si j'ai fait de la voile et de l'aventure le moteur de ma vie, j'adore lire des livres. On est absorbé par eux. Aujourd'hui, je préfère les romans aux récits d'aventures. Non pas que je les aie tous lus, mais j'ai le sentiment d'être désormais moins réceptif à l'aventure des autres. Quoique, d'un autre côté, j'aie envie de transmettre mon expérience ou peut-être de susciter des vocations.

20

Une dernière nuit

Tout va on ne peut mieux physiquement, la forme est là. Pour ce qui est du moral, je sens une modification de mon état d'esprit avec l'arrivée imminente. À la veille de franchir la ligne, je suis dans le même temps impatient et angoissé de voir du monde et de retrouver le rythme des terriens. Un peu de stress. Passer de la solitude à la foule n'est jamais facile sans un sas de décompression. La nuit tombe ; à terre, tout le monde s'est calé sur mon ETA en milieu d'après-midi. Mais le golfe de Gascogne me propose un coup de mou dont il a le secret, le vent devient irrégulier, refuse, se met en grève. J'essaie de faire marcher au mieux mon vieux compagnon qui trépigne comme un étalon humant l'écurie. Je renvoie mon génois, en plus de ma trinquette, ça me demande un peu de travail, mais j'en ai déjà abattu tellement qu'un peu plus, un peu moins !

J'ai terminé ce qui restait dans mon garde-manger. À midi, j'ai mélangé tous les restes, pour faire une mixture que je pense assez savoureuse, mais sans la réhydrater tout de suite. J'ai coupé la poire en trois, puisqu'il me reste trois repas à prendre. Et je prépare mes portions en y ajoutant quelques algues que j'incorpore au colin lyophilisé, à la dorade à l'indienne, à ma dernière soupe chinoise, le tout chauffant sur le moteur car je n'ai plus de gaz depuis trois jours. C'est assurément fameux.

La nuit est bien là, ma dernière nuit en mer. Je surveille comme je peux les nombreux bateaux de pêche qui travaillent sur la zone.

Demain matin, au lever du jour, j'ai décidé de me raser, un geste qui compte dans la vie d'un solitaire revenu de tout. C'est la seconde fois seulement que je vais utiliser mon rasoir. La première, c'était en remontant vers l'Atlantique Nord, puisque j'avais gardé ma barbe depuis le départ. Se raser, ça prend du temps et une barbe, ça tient chaud et ce n'est pas désagréable, voilà bien trois raisons pour échapper au coupe-chou le plus longtemps possible.

Si l'on se décide, en revanche, mieux vaut s'activer à l'extérieur du bateau. Je dispose simplement d'un petit rasoir Bic à une lame, d'un miroir que je m'attache sur la cuisse avant de m'asseoir. Ainsi, j'ai les deux mains libres, la première pour tirer un peu la peau, l'autre pour appliquer le rasoir. Ne jamais utiliser de ciseaux, une hérésie. D'abord, c'est beaucoup plus long ; ensuite, il vaut mieux attaquer le poil à ras. La première fois, j'ai opéré en plusieurs sessions : j'ai fait les joues, puis un peu la moustache et le menton. Au vent, j'ai vu les poils coupés s'envoler, ou tomber parfois dans le seau que je tenais entre mes jambes. J'ai laissé le dessous du visage et le cou pour plus tard, afin que la peau ne s'enflamme pas au contact de mes vêtements, car je n'utilise ni savon ni mousse à raser.

Se raser aujourd'hui, c'est essentiellement un geste qui montre que l'on revient vers la civilisation et ses codes culturels, c'est comme de recommencer à se laver, une pratique que l'on oublie fréquemment, la fatigue aidant, lorsqu'on traverse les océans du Sud.

La toilette n'est pas l'obligation favorite du marin. À la descente, je me suis lavé entièrement à la sortie de l'anticyclone de Sainte-Hélène, avant qu'il fasse trop froid. Nu, je me suis rendu sur la plage avant, le bateau allait vite, l'eau était à 19°, je me suis attaché, c'était très ludique : un bout de savon, l'eau salée qui m'asperge, puis me rince. Le solitaire se lave toujours à l'eau de mer, sauf lorsqu'il est irrité, ou s'il nettoie des blessures. Là, il prend garde à bien se rincer à l'eau douce, à bien se sécher, à bien se protéger.

Le Sud m'a ensuite vu passer sans que je me prosterne devant l'hygiène corporelle. C'est logique, il fait froid, le temps presse, les occupations sont multiples. Ma seconde grande toilette se négociera autour de l'Argentine, après le Horn. Là, le bateau va moins vite qu'à l'aller, la technique est alors différente : je puise l'eau de mer avec un seau, il fait grand beau, je suis à poil, j'en profite même pour me shampouiner ; il y a si longtemps que je ne me suis pas senti hyper-propre. Plus bas, dans le Sud, là où il faut faire attention, c'est quand la peau part en lambeaux, quand elle desquame, mais, en général, ça n'a rien à voir avec l'hygiène à bord. Lors de mon premier tour du monde, j'avais ainsi commis l'erreur de me laver avec du savon, puis de mal me rincer, j'avais déclaré ensuite une bonne allergie. Boutons, pelade, un souvenir assez désagréable.

Croire également que, parce que le marin se lave peu, l'odeur à bord atteint une puanteur inégalée est faux. Bien sûr, les sous-vêtements ne sentent pas la violette, mais il ne s'agit que des fringues « en première peau », celles qui sont en contact pendant plusieurs jours, mais moins d'une semaine, avec l'épiderme. C'est une histoire de strates, je porte trois épaisseurs de sous-vêtements qui me durent douze jours. Tous les quatre jours, j'enfile un Thermolactyl propre en troisième couche extérieure. Celui qui était contre ma peau part au sale, la couche intermédiaire prend sa place et la couche extérieure devient intermédiaire : c'est parfaitement viable.

Se laver, se raser, s'habiller, simplement parce que quand on revient vers le monde, quand on s'apprête à retrouver la société humaine, on n'a pas envie de choquer ni de sentir mauvais. J'aime de toute façon mieux me voir rasé qu'avec une barbe hirsute de prophète, Isabelle aussi, d'ailleurs. La barbe a-t-elle une fonction bien précise ? Représente-t-elle quelque chose dans le périple du solitaire ? Ce que je sais en tout cas, c'est qu'elle ne restera pas le symbole de ces moments douloureux où j'en ai vraiment bavé, non, elle correspond plutôt à cette partie de la course où je choisis de revenir à la vie sauvage, où je suis en quête d'une relation plus serrée avec la nature, où je n'ai pas envie que le combat qui se noue entre la mer, le vent et moi passe forcément par le gant de toilette et l'after-shave.

Ensuite, je sais qu'après avoir vécu ce rapport très fort avec les éléments, avec les tempêtes et les souffrances, il me faut redescendre, ou remonter plutôt, à la hauteur de Monsieur Tout-le-monde. Me laver, me raser, m'habiller convenablement, c'est comme un changement de personnalité qui s'opère, je vais quitter le monde que je fréquente depuis plus de quatre mois pour en aborder un autre, avec ses difficultés différentes, ses rites et ses croyances. Alors, je tarde à le faire, j'attends vraiment d'être le plus près possible de la ligne, des premiers bateaux partis à ma rencontre, des premiers regards que je croiserai.

S'habiller aussi, et prendre soin de ses vêtements : j'ai bien fait quelques lessives, mais pas beaucoup, dans l'anticyclone de Sainte-Hélène en descendant, et à l'île Stewart. Chaussettes, sous-vêtements : il me reste pas mal de fringues propres, encore sous vide, que je sortirai au dernier moment. Pour l'instant, pas la peine, je suis toujours seul, le vent s'est levé à nouveau au cours de la nuit, et j'ai d'abord réduit ma grand-voile avant de l'affaler pour ne pas arriver trop tôt. Après avoir fait ma nav' pour savoir où je serai aux premières heures du vendredi, je suis en effet convenu d'un rendez-vous matinal avec Hervé, qui doit venir me survoler en hélicoptère pour faire des images, vers 9 heures, à une position que je lui ai donnée.

Tandis que la nuit s'achève trop vite, une forme d'excitation grandissante me titille. Je me dis qu'il faut que je profite de la tranquillité que j'ai à bord et surtout de mes ultimes instants de course avec *Aquitaine Innovations*. Ce sont vraiment les derniers milles, j'ai envie de dire, de notre collaboration, car je sais déjà que je ne courrai plus avec lui. Nous avons parcouru tant de route ensemble, depuis quatre ans : deux tours du monde en solitaire, New York-San Francisco et plusieurs transats, six, sept, je ne sais même plus. De l'émotion et des sentiments forts me lient à lui, des succès, des blessures, des rires et des pleurs.

Mon bateau, mon oiseau, mon ami. J'ai évidemment un lien assez particulier avec lui, je l'appelle Kiki. Kiki, peut-être parce que dans « Aquitaine » il y a « qui », et peut-être aussi parce que Kiki, ça me fait penser à mes bébés, mes deux enfants, Emmanuelle et Nicolas, qui ne m'ont jamais quitté, et parce que *Aquitaine Innovations*, c'est un peu mon bébé aussi. L'homme, à l'inverse de la femme, ne peut pas accoucher d'un enfant, mais il peut tout à fait accoucher d'un bateau. Après un énorme travail de gestation. Un bateau, pour le faire naître, il faut beaucoup plus de neuf mois. Inévitablement des relations fortes se nouent, plus intenses qu'entre un homme et n'importe quel autre objet, cela va de soi. Car un voilier n'est pas un objet inanimé, bien au contraire, c'est un animal, un bel animal, qui bouge, qui saute, qui hurle et qui gémit. Comme un humain. C'est aussi pour cela que je lui ai donné un surnom, que je l'ai toujours appelé Kiki, quand j'avais besoin de lui parler : « Allez, Kiki, vas-y, Kiki. » Sinon, quand j'oublie quelque chose, quand j'ai un petit reproche à me faire, je lui en parle et je tente de le responsabiliser, de lui faire comprendre qu'on marche ensemble, que l'un ne va pas sans l'autre, que les souffrances se partagent, et les plaisirs aussi. Il n'y a pas de raison que je sois le seul coupable, ou la seule victime, ou le seul gagnant. Par exemple, si je suis à l'avant du bateau et que j'aie oublié la clé à molette, je lui dis : « Tu vois, Kiki, tu ne m'écoutes pas. Pourtant, je te l'avais dit de prendre la clé à molette. Mais tu ne m'écoutes jamais. » Sinon, je l'encourage, je sens tellement qu'il en a besoin : « Allez, vas-y, Kiki, on y va. C'est bon, on va le rattraper. C'est bon, on va passer à travers la tempête. »

Le jour s'est levé, j'entends au loin le bruit d'une turbine. C'est l'hélicoptère d'Hervé qui vient à ma rencontre. Il n'est même pas 9 heures, l'heure du rendez-vous. Ils n'en pouvaient plus d'attendre, c'est mon premier contact avec la terre et je sais que beaucoup d'autres vont suivre.

Je parle encore à mon bateau, doucement, je lui explique la situation, je sais qu'il m'écoute, j'aimerais lui faire comprendre que notre histoire va bientôt s'arrêter, qu'à peine arrivés on va l'amarrer au ponton et m'arracher de son pont pour la grande tournée du retour. J'essaie de croire qu'il tente de me dire quelque chose, je voudrais tant le cajoler, alors que nos dernières heures ensemble sont comptées, qu'elles vont passer à une vitesse inimaginable, que je vais le mettre en vente, et j'espère lui trouver un skipper qui l'aimera comme moi. Pour que, dans quatre ans, je puisse venir le saluer au départ du prochain Vendée.

21

Remonter le chenal

J'ai donné la position où je serai à 14 heures et l'alignement par rapport à la ligne d'arrivée. Je prends par le sud à 90° de celle-ci, je ne veux pas que les bateaux partis très en avance me repèrent. J'ai un trop mauvais souvenir de mon premier Vendée Globe lorsque, avant de revenir aux Sables, les bateaux m'avaient localisé trop vite. Je me rappelle le gasoil pestilentiel, alors que je revenais de la pureté originelle, d'un univers sans odeur et sans pollution. Ils étaient apparus cinq heures avant l'arrivée, un, deux, trois, puis dix, puis vingt, puis trente.

Cette fois, je ne les guette même pas, je pense à autre chose, mais je les vois débouler comme des mouches. Je sais que, dès que je serai visible de la position avancée, la flotte des bateaux va se ruer sur moi. Le premier est un catamaran rouge et bleu aux moteurs puissants. Je lance un « bonjour » très sobre à ceux qui y ont pris place et continue à me raser. Je ne me sens pas, non, je n'ai pas « envie » de me sentir déjà disponible. Il est suivi d'une armada. Une fois terminé le travail du poil, je commence à manœuvrer, je demande au bateau de s'écarter, j'envoie ma grand-voile, empanne, puis fais route, droit sur la ligne. Maintenant, je suis prêt. Je reconnais des amis, Alain Thébault, l'homme de l'hydroptère, Jean-Luc van den Heede, dit VDH, le grand marin barbu, reconnaissable entre mille sur son zodiac, et tant d'autres qui sont venus m'accueillir sur les deux grosses vedettes que mon équipe a affrétées ; ils sont tous là, mes amis, mes partenaires, ma famille. Plus de cinq cents personnes de la région Aquitaine. Je me rapproche tranquillement de la ligne fatidique, l'émotion monte, « beaucoup plus forte, me dis-je, que quand tu es en course et que tu sais, avant même de la franchir, à quelle place tu vas terminer ».

Là, il n'est plus question de place, tout est déjà joué, les premiers ont touché au but depuis si longtemps. Non, il s'agit simplement de boucler une boucle en coupant la droite imaginaire matérialisée par la bouée Nouch-sud et le bateau du comité de course. Je suis extrêmement heureux, c'est une émotion totalement inattendue qui s'empare de tout mon être. J'y suis parvenu. Par quels chemins ? Dieu seul et moi le savons vraiment, mais maintenant ça y est, c'est bon, c'est fini. Je caresse mon bateau en lui tapotant les flancs, je l'embrasse, je saute de joie, je vais déposer quelques baisers chaleureux sur mon mât qui a eu la bienveillance de ne pas craquer une seconde fois, je n'entends plus rien, ma joie et mon excitation m'empêchent de comprendre ce qui est en train de m'arriver.

Il faut faire dégager les bateaux sur tribord, je me mets à manœuvrer, je ralentis, j'affale la grand-voile, mes équipiers montent à bord, chacun connaît son rôle, nous les avons définis avant que je passe la ligne. Romaric est le skipper, Stéphane s'occupe de la surveillance de la route et de la corne de brume, Richard fait la nav' et participe aux manœuvres. C'est au tour de Jean Sans de monter à bord. Une démarche officielle, Jean est le vice-président du comité de course et vient vérifier que tous les plombs installés au départ sont toujours là, puis c'est Élise Lucet, journaliste de France 3, qui grimpe sur le pont. Elle est, avec Tita Valade, l'épouse de l'ancien président du conseil régional d'Aquitaine, l'une des marraines du bateau. Lulu, ainsi le monde de l'audiovisuel prénomme-t-il Élise, s'avance avec des sandwiches au jambon et des tablettes de chocolat. Quatre. J'enlève le jambon et commence à savourer, à déguster, le pain dans lequel j'ai glissé, sur les conseils du docteur Jean-Yves Chauve, les carrés de chocolat. Les quatre tablettes y passent. Un homme insatiable. Et je n'arrive pas encore à me dire : « C'est bon, tu en as assez mangé. »

Pour des raisons de bienséance et d'impératifs médiatiques, il faut rentrer assez vite. Peine perdue, la marée n'est pas assez haute, on s'échoue, un peu à l'est du chenal. On a du mal à en sortir, une drisse, un zodiac qui tire, c'est bon, on repart faire un tour dans la baie. Deuxième tentative, par l'ouest du chenal cette fois. Même punition. Tout le monde veut nous aider, je m'énerve gentiment, donne des ordres, ma tension s'élève un peu par rapport à la nonchalance que j'affichais jusque-là. Isabelle essaie de se hisser à bord, mais il y a trop de vagues. On s'échoue à nouveau, VDH me rejoint alors et s'occupe de tout, ça ne traîne pas, il prend les choses en main, donne les ordres, et ça passe enfin. Je suis à nouveau en dehors de toute cette ébullition, décontracté comme jamais.

Nous commençons à remonter doucement le chenal. J'aperçois le président du conseil régional, Alain Rousset, qui me fait des signes. Il aime la mer mais ne la connaît pas, intimidé, il n'a pas pu venir à ma rencontre. Seulement, comme il faut qu'il soit à Bordeaux à 20 heures, nous nous reverrons bien plus tard. Isa et les enfants sont enfin à bord, on s'enferme tous les quatre à l'intérieur du bateau, on s'embrasse. Emmanuelle me serre longuement dans ses bras, elle ne veut pas me lâcher, elle si peu possessive d'habitude. Nicolas ouvre des yeux comme des billes, je le trouve changé, il a grandi. Je leur montre des petits trucs, les cadeaux qu'ils m'avaient faits et que j'avais affichés dans la cabine. Leurs regards sont à la fois heureux et décontenancés. Enfin, je me change, car Isabelle m'a apporté des habits « civils » propres et neufs, dans lesquels je flotte.

Les retrouvailles ne peuvent pas durer très longtemps. Dehors, le public massé sur les deux quais hurle et demande à me voir. Je distingue des banderoles qui s'agitent, j'entends des mots et des chants que je ne saisis pas. Je monte sur le taud de la grand-voile, les applaudissements me paraissent sans fin. Même si j'ai connu des arrivées avec beaucoup de monde, je n'ai jamais vu cela, j'ai l'impression que les spectateurs se sont projetés dans mon aventure et qu'ils ont voulu assister à la fin en direct.

Je me laisse un peu porter par l'événement et, pour adresser un dernier remerciement à la foule, je vais jusque dans la barre de flèche. Des cris surgissent, de toutes parts : « Plus haut ! Plus haut ! » Je grimpe dans le hauban, l'ambiance est terrible. Je redescends, le bateau s'approche du ponton, mon programme est désormais minuté comme celui d'un président en exercice. On m'offre une énorme bouteille de champagne, je tente vainement de l'ouvrir, non que mes forces vives vacillent, mais je tombe toujours sur des bouchons qui résistent. D'un mouvement ample et circulaire, je fais tourner le magnum, comme si je voulais dessiner le tour de la Terre, comme si je voulais la satelliser autour de mon aventure finissante.

Tout s'enchaîne ensuite très vite, une première interview en direct, puis le docteur Chauve qui m'attrape pour commencer à m'ausculter. Il se bat pour m'avoir, me conduit dans la cabine d'une vedette à moteur, je perçois une grande tension, tout à fait palpable, même si, moi, je me sens très bien. Je me déshabille pour me peser, je suis surpris de constater que j'ai perdu dix kilos, alors que je pensais en avoir récupéré quelques-uns. Le médecin de l'épreuve me fait ensuite une prise de sang, mesure mon pli cutané ainsi que le diamètre de mes bras et de mes jambes, puis me lâche à son tour. La ronde continue de plus belle, des séances photos, les radios qui m'attendent, le podium devant lequel la foule est massée. Je reste sur ma faim, les projecteurs m'empêchent de voir les gens qui sont là, le temps qu'on m'accorde est bien trop court. Je me souviens de la fin du premier Vendée et de Titouan Lamazou, le grand vainqueur, qui avait conté toute la nuit ce qu'il venait de vivre. Il n'y avait pas eu de problème de directs à respecter, le skipper d'*Écureuil-d'Aquitaine* était arrivé aux alentours de minuit. Dans le grand amphi, religieusement, je l'avais écouté relater sa course, c'était magique, mais cette magie, ce soir, j'ai l'impression qu'elle a disparu. Alors que je revendique cette unité de temps et de lieu entre un marin et un public. J'ai tellement envie de raconter, plus longuement qu'en discutant avec un journaliste en studio, à Paris ou ailleurs, tandis que ses questions résonnent dans mon oreillette et que je vois des techniciens stressés qui s'affairent pour que le direct fonctionne.

Je voudrais du temps, je voudrais entendre les questions et pouvoir y répondre sans compter les minutes qui s'égrènent. Je reviens de 126 jours de mer, et je me sens apte à en passer encore plusieurs simplement pour expliquer ce que j'ai fait, ce que j'ai connu pendant ces quatre mois de grande solitude. Une histoire de partage, comme toujours. J'aimerais tant transmettre cette simple morale que j'essaie de tirer de mon histoire, ce « aide-toi, le ciel t'aidera » que j'ai tenté de mettre en pratique au cours de ce tour du monde. J'ai compris qu'il fallait morceler son temps, que, si on voulait parvenir à soulever des montagnes, ou un mât, il fallait prendre les problèmes un par un. Pour être sûr de réussir. Et se mettre dans des dispositions mentales où l'esprit est totalement occupé par le problème à résoudre. Entrer dans la peau d'un spécialiste. Ainsi on trouve une première solution, puis dix, et l'on retient la plus simple, la plus efficace, et il n'y a plus qu'à agir pour faire basculer la montagne. On en ressort avec un moral à toute épreuve, une confiance en soi redoublée et une fenêtre ouverte sur l'avenir. Tout le monde a ou a eu des difficultés à surmonter dans sa vie, et je suis persuadé que ces petites clés peuvent servir aux autres. En gardant la foi, en mobilisant toute son énergie, on atteint toujours l'objectif qu'on s'est fixé. J'ai envie de clamer haut et fort que, tous, nous vivons dans une société où l'assistanat a été érigé en règle de vie sociale, j'ai envie de rappeler que l'homme qui se complaît dans trop de confort perd confiance en ses propres capacités. C'est ça qui est regrettable, le fait de ne plus connaître le bonheur de réaliser quelque chose de ses propres mains. Notre civilisation va trop vite et demeure trop superficielle. C'est parfait, et je m'en suis aperçu, de communiquer par mail, par téléphone, via les satellites. On s'informe, on échange, on fait connaissance, mais, en même temps, on dépend de tout le monde. Alors qu'il faut savoir, à un moment donné, être soi-même.

Je ne veux pas, au contraire même, qu'on me considère comme un héros parce que, justement, j'ai voulu demeurer moi-même et aller au bout de mes espoirs. Non, encore une fois, les héros de cette course, ce sont ceux qui se sont battus jusqu'au bout pour essayer de l'emporter, Michel, Ellen, Bilou, Marc, Thomas et tous les autres. Moi, sur ce plan-là, je n'ai pas été à la hauteur, c'est tout. Je n'ai pas réalisé un exploit plus grand que celui de Desjoyeaux et des autres, car je persiste à croire qu'il est plus difficile de faire la course en tête que de remâter un bateau, même seul sur une île déserte. L'unique point commun avec ceux qui se sont battus pour la gagne, c'est que, comme eux, je suis parti pour me dépasser, et que, comme eux, je me suis dépassé. Je repense à Ellen MacArthur, qui est montée sur mon bateau au moment de l'arrivée, ma petite Ellen à qui j'ai rapporté un oisillon ramassé sur mon pont. Ce qu'elle a fait est formidable. Je reste même sans voix, et j'ai du mal à trouver les mots pour qualifier sa performance. Elle a signé une course exceptionnelle, quand on pense que c'est sa première participation, qu'elle a vingt-quatre ans à peine. Je suis très impressionné, d'autant que, même si je suivais seulement la course de loin à cette époque, il me semble qu'à un moment elle a pris la tête de l'épreuve devant Michel. Si elle n'avait pas alors percuté un container, qui sait si elle ne l'aurait pas emporté ? C'est une jeune femme habitée par une seule passion, la même que la mienne, mais avec une intensité que je n'ai jamais connue chez personne d'autre, c'est ce qui fait sa force, c'est ce qui impose le respect.

Plus tard, quand se seront apaisées les ardeurs de la presse, tout se terminera par une fête organisée à Port-Bourgenay, aux Jardins de l'Atlantique. J'y mange un petit peu, je revois plus calmement mes proches et mes amis, je rencontre même une classe d'enfants avec laquelle j'ai discuté plusieurs fois au téléphone et pour qui j'avais jeté en direct, et lors de mon premier passage de l'équateur, une bouée-balise, l'Argonautica, munie d'un émetteur pour qu'ils en suivent les pérégrinations atlantiques. En guise de remerciements, une délégation est venue m'offrir un superbe bateau en chocolat.

Et puis, d'un seul coup, une bouffée de chaleur énorme m'envahit, alors que, jusque-là, j'étais resté couvert, presque frileux dans la nuit de mars. Je retire toutes mes couches de vêtements. C'est la fatigue, je suis à moitié KO, je n'arrive plus à tenir les yeux ouverts, il faut que j'aille me coucher. On me racontera, le lendemain, qu'une journaliste essayait alors de me poser des questions ; je n'entendais rien, j'étais ailleurs. « Laissez-le, dira un membre de mon équipe à la jeune femme, vous voyez bien qu'il n'est plus avec nous. »

Quelqu'un nous ramène à l'hôtel, je m'endors sans demander mon reste, avant de me réveiller toutes les deux heures. J'ai évidemment un peu de mal à me réadapter, je ne sais pas bien où je suis, je ne connais pas la pièce dans laquelle je me trouve, je ne veux pas réveiller Isabelle qui dort, je cherche les toilettes, j'étouffe, il fait trop chaud. Je suis de retour. Bienvenue sur terre, monsieur Parlier !

Épilogue

Voler par-dessus les flots

Je suis au bord de la rivière, je regarde sur l'onde claire et silencieuse les étranges insectes aux pattes cristallines et au corps fin qui semblent glisser sur le miroir liquide. Qui filent sans briser le film créé par la tension superficielle du liquide. Souvenirs d'enfance, projet d'adulte.

Depuis deux ans, je travaille sur un programme de recherche. Je l'ai appelé « Gerris », c'est le nom savant de cette araignée aquatique qui fascine les enfants, tant elle semble posée sur l'eau, tant elle paraît rapide à se déplacer en créant un minimum de turbulences. Parce que ses pattes refusent l'eau comme la plume de canard la goutte de pluie, parce que la nature qui ne fait jamais les choses à moitié l'a créée ainsi, pour qu'elle tienne parfaitement son rôle d'animalcule qui marche sur les flots. *Gerris*, c'est un multicoque dont il m'est encore difficile de parler mais qui me permettra de naviguer, du moins je l'espère, à des vitesses supérieures à celles des trimarans et catamarans actuels, tous construits sur le même modèle, tous identiques, tous « archimédiens », tous flottant et avançant grâce à la poussée de l'eau. Les questions que je me pose ne sont pas encore résolues totalement : deux, ou trois coques ? Un ou deux mâts ?

Le ou *les* mâts, notamment. Étrange rapport que j'entretiens avec ces longs espars qui se rapprochent du ciel, qui s'élancent à plus de vingt-cinq mètres de haut. Qui cassent sans prévenir... Quant au gréement, je le veux plus fin, comme l'aile de l'albatros qui fend l'air et les vents. Catamaran ou trimaran ? C'est l'autre épineux problème. Plusieurs coques sûrement, ni équipées d'immenses foils comme l'hydroptère de mon ami Alain Thébault, cet étrange animal des siècles à venir qui un jour, j'en suis sûr, atteindra les 100 kilomètres/heure sur l'eau ; ni munis de coques perce-vagues comme le multicoque géant de Pete Goss qui explosa en mer avant le départ de The Race.

Non, le principe que j'ai choisi est issu des hydravions : il s'agit de coques planantes qui sortiront de l'eau dès que la brise se lèvera pour laisser un minimum de surface en contact avec la mer. Cinq mètres carrés, à peine.

Mon nouvel oiseau devrait voir le jour sur un chantier que nous allons installer au sud du bassin d'Arcachon – étudié, mis au point et construit en Aquitaine.

Très bientôt, cet été sans doute, un modèle réduit, un prototype de 18 pieds, déjà en construction, me permettra de valider les solutions hautement technologiques que j'ai retenues. Car c'est encore une fois techniquement que ce projet va se démarquer des autres. Les multicoques actuels vont vite surtout parce qu'ils sont grands, mon prochain bateau sera plus innovant du point de vue technique. Toujours 60 pieds, parce que c'est la norme, mais dans mon idée, le plan de voilure sera plus important. Je pense tout à fait possible que la surface offerte aux vents atteigne 540 m^2, soit plus d'une fois et demie celle des multicoques actuels. Un homme seul pourtant pourra arriver à mener ce voilier que j'espère étonnant. Avec qui, sans doute à partir de l'été 2002, je compte d'ores et déjà gagner de grandes courses, la transat Jacques Vabre, la Route du Rhum, avec qui j'espère établir de nouveaux records, celui des 24 heures, qui me tient désormais tant à cœur, et puis celui de la traversée de l'Atlantique.

Après douze ans d'absence, j'abandonne donc le monocoque et la solitude, je reviens au multicoque et à la course en équipage. J'ai déjà fait de la Formule 40, à la fin des années 1980, je vais naviguer en double dès cet été pour retrouver les sensations fortes que procurent toujours ces bateaux à la puissance inégalée. Ce qui me ferait en tout cas plaisir, lorsque les gens découvriront *Gerris*, c'est qu'ils soient surpris, estomaqués, voire intrigués par mes choix. À moi, à mon équipe, ensuite, d'être à la hauteur des espérances que nous plaçons en lui. Là encore, je veux faire différent, innovant comme *Aquitaine Innovations* l'était au moment de sa naissance. Simple, efficace et fiable. En sachant que vraisemblablement le lot de galères, d'ennuis, de doutes désormais coutumiers, ne me feront jamais renoncer. Ce n'est pas mon genre de toute façon.

Je suis à Saint-Véran, je me repose, je regarde le ciel, je vois là-haut, dans le couloir encore neigeux, des skieurs intrépides. Je repense comme si souvent à tout ce que je viens de vivre, à tout ce qui m'attend. En arrivant aux Sables, j'ai dit que je ne referai pas le Vendée Globe, aujourd'hui, je suis moins affirmatif. Je ne ferai pas le prochain, c'est sûr, mais qui dit qu'un jour je ne reviendrai pas disputer à nouveau cette fabuleuse aventure ? Mais au fond, peu importe quand, je ne veux pas me fixer d'échéances. Parce que, quoi qu'on en dise, le temps ne compte plus quand on évoque la plus belle des courses, celle que j'aimerais tant gagner...

ANNEXES

Longueur : 18,28 mètres
Largeur : 5,80 mètres
Poids : 7,950 tonnes
Tirant d'eau : 4,50 mètres
Hauteur du mât : 26,50 mètres
Surface de voile au près : 300 m²
Surface de voile au portant : 540 m²

La course jour après jour

4 novembre

Le départ est retardé en raison des conditions météorologiques.

9 novembre à 16 h 11

Départ de la course.

9 novembre vers 21 h

Patrick de Radigues tombe en panne de pilote automatique et rentre aux Sables-d'Olonne.

10 novembre vers 2 h 15

Roland Jourdain casse sa drisse de gennaker et fait demi-tour vers Les Sables, il repart vers le large vers 5 h 5. Mike Golding casse son mât, il arrive en remorquage à 12 h 45 à Port-Olona. Au premier pointage à 13 h TU, *Aquitaine Innovations* est en tête de la course. Vers 16 h, Patrick de Radigues repart en course après avoir résolu ses problèmes de pilote.

14 novembre

La météo est capricieuse, le vent instable et faible. Les concurrents ont passé une nuit difficile.

15 novembre

Patrick de Radigues, accidenté et échoué le long des côtes portugaises, abandonne. Les autres concurrents ont touché les alizés. La flotte se scinde en trois groupes.

16 novembre

Les premiers bateaux passent l'île de Grande Canarie. En l'espace de dix heures, onze bateaux ont franchi la porte. Ils ont déjà une journée d'avance sur le parcours de Christophe Auguin en 1996.

17 novembre

Avec des vents de N-N-E 20/30 nœuds, le rythme de la course est très élevé. La tête de la flotte tente de se décaler vers l'ouest, il leur faut empanner, ce qui n'est pas toujours aisé.

18 novembre

Justement, lors d'un empannage malencontreux, Bernard Stamm perd sa barre franche. Yves Parlier passe le Cap-Vert en un temps record. Les concurrents « tactiquent » beaucoup et se préparent à passer le pot au noir.

19 novembre

Les bateaux commencent à ralentir, Bernard Stamm, dont les deux pilotes automatiques sont hors d'usage, décide d'abandonner et se dirige vers l'île de Sal (archipel du Cap-Vert).

20 novembre

La flotte se regroupe et huit bateaux sont dans un rayon de soixante milles dans le pot au noir. Catherine Chabaud a pris un peu de retard par rapport aux bateaux de tête.

21 novembre

Les nerfs sont mis à rude épreuve dans le front inter-tropical. Yves Parlier reprend la première place du classement qu'il avait perdue la veille au profit de Michel Desjoyeaux.

22 novembre

Parlier, le plus au sud de la flotte, sort du pot au noir. Éric Dumont casse un safran après avoir heurté un tronc d'arbre cinq jours auparavant. Dominique Wavre, après avoir tenté des options malheureuses, recolle au peloton tandis que Catherine Chabaud essaie une option vers l'est.

23 novembre

La plupart des bateaux de tête ont passé le pot au noir, et les skippers récupèrent, bricolent. Éric Dumont annonce qu'il se retire de la course.

24 novembre

Les neuf premiers concurrents ont franchi la ligne équatoriale et sont passés dans l'hémisphère Sud. Yves Parlier était le premier, suivi de Michel Desjoyeaux. Le deuxième peloton de la course passe facilement le pot au noir. Mike Golding est au niveau des Canaries. Après quinze jours de course, 1 900 milles séparent le premier du dernier.

25 novembre

Les concurrents sont confrontés à l'anticyclone de Sainte-Hélène. Ils doivent décider de leur stratégie : passer au centre de la zone de hautes pressions, au risque de rester encalminés, passer à l'ouest, mais la route est nettement plus longue, ou encore passer à l'est, mais en affrontant des vents contraires.

26 novembre

Richard Tolkien qui se débat depuis quelque temps déjà avec des problèmes d'enrouleur de génois décide de faire demi-tour vers l'archipel du Cap-Vert.

27 novembre

Yves Parlier accentue son avance sur Michel Desjoyeaux.

28 novembre

Yves Parlier commence à contourner l'anticyclone en infléchissant sa route légèrement vers l'est dans des vents devenant de plus en plus portants.

29 novembre

Fedor Konyukhov est sorti du pot au noir alors que Mike Golding *(Team Group 4)* s'apprête à y rentrer.

30 novembre

Les voiliers pointent leurs étraves vers la porte d'entrée des 40e, la deuxième phase de la course. Richard Tolkien jette l'éponge, il est le quatrième concurrent de la course à abandonner.

1er décembre

Le changement de système météo provoque un nouveau tassement de la tête de la course. Yves Parlier attend les vents d'ouest. La lutte est acharnée.

2 décembre

Sainte-Hélène a rattrapé les coureurs. Le système de haute pression s'est gonflé en s'étalant sur tout l'Atlantique sud. Yves Parlier est englué dans les calmes. Mike Golding vient de traverser l'équateur. Michel Desjoyeaux est revenu à la hauteur d'Yves Parlier. Roland Jourdain est en embuscade derrière eux. Raphaël Dinelli entre en collision avec un cétacé et fait route vers Cape Town pour réparer. Thomas Coville est lui aussi victime d'une baleine qui casse son secteur de barre.

3 décembre

Bien qu'il règne une ambiance digne de la Manche en raison d'un brouillard très dense, les coureurs sont inquiétés par les nombreuses baleines qu'ils rencontrent.

4 décembre

Yves Parlier (*Aquitaine Innovations*) et Michel Desjoyeaux (*PRB*) ont franchi le 40e parallèle Sud. Pointés à 18 nœuds de moyenne, les deux leaders creusent l'écart.

5 décembre

Yves Parlier est le premier à franchir le méridien de Greenwich qui marque le passage à l'est et annonce qu'il a établi un nouveau record pour un solitaire en vingt-quatre heures. Il a parcouru 420,6 milles entre 13 h 54 le 3 décembre et 13 h 54 le 4 décembre à l'incroyable moyenne de 17,45 nœuds.

6 décembre

Changement de saison. La mer a perdu 20 degrés en passant de 28° à 8 °C et la température de l'air a suivi la même courbe. Les fourrures polaires et les cirés sont sortis des placards.

7 décembre

Catherine Chabaud *(Whirlpool)*, avec l'option nord la plus extrême, a payé cher sa position ; elle a traversé la bulle anticyclonique alors que les autres ont réussi à rester sur la périphérie. Les dix bateaux qui mènent la course sont aujourd'hui tous à plus de 15 nœuds de moyenne, sauf les trois situés dans le nord qui ne sont pas encore complètement sortis de l'influence de la zone de calmes.

8 décembre

Ellen MacArthur aperçoit le premier iceberg à 20 mètres de son bateau par 49° sud.

9 décembre

Après avoir aperçu d'autres icebergs, les concurrents profitent des vents d'ouest établis pour empanner et faire cap à l'est-nord-est. La plupart sont en veille quasi permanente et doivent adapter leurs périodes de sommeil. Dominique Wavre passe la barre des 430 milles en solitaire en vingt-quatre heures.

10 décembre

Michel Desjoyeaux reprend la tête de la course à Yves Parlier, qui depuis le départ ne l'avait perdue qu'un bref moment au passage des Canaries.

11 décembre

Après plus d'un mois de course et 8 700 milles parcourus (soit presque l'équivalent de trois transats), seulement deux heures séparent les deux leaders, Michel Desjoyeaux et Roland Jourdain. Yves Parlier paie le prix d'une option sud. Thomas Coville heurte à nouveau quelque chose qu'il pense être un growler.

12 décembre

Michel Desjoyeaux navigue aux abords des îles Crozet. Marc Thiercelin, quant à lui, se rapproche des îles du Prince-Édouard. Joe Seeten connaît des vents de 50 à 60 nœuds, son mât touche l'eau à plusieurs reprises.

13 décembre

Catherine Chabaud bénéficie d'un bon flux d'ouest qui lui permet de regagner du terrain sur le deuxième peloton de course.

14 décembre

Michel Desjoyeaux et Roland Jourdain réussissent à attraper une dépression qui leur donne un vent fort et leur permet de prendre le large. Dans le deuxième peloton, c'est aussi l'effervescence : cinq bateaux se tiennent dans 70 milles. Le classement change sans arrêt. Coville et MacArthur naviguent à vue. Seeten déchire son rail de grand-voile et Sanso subit la rupture d'un câble de son mât.

15 décembre

La flotte passe les îles Kerguelen. Mike Golding est en 17e position.

16 décembre

Les concurrents connaissent enfin les vraies conditions des mers du Sud : grande houle, froid et dépressions. Bien que Michel Desjoyeaux soit toujours en tête et accentue son avance sur Jourdain, Parlier effectue une fantastique remontée.

17 décembre

La première moitié de l'océan Indien a été parcourue par les dix premiers bateaux. Yves Parlier est depuis trois jours le plus rapide de la flotte.

18 décembre

Le PC Course s'inquiète pour Yves Parlier, sa vitesse a brutalement chuté de 15 à 1,55 nœud. Il semble que son bateau soit à la dérive et à sec de toile. Nous ne parvenons pas à le joindre. Philippe Jeantot demande à Ellen MacArthur et à Dominique Wavre de se dérouter vers Yves Parlier, qui n'a toutefois pas demandé d'assistance. Les neuf premiers bateaux sont sous l'influence d'une dépression dont le centre est situé par 52° sud et 115° est. Javier Sanso à l'arrière de la flotte se débat dans des vents de 60 nœuds.

19 décembre

Yves Parlier annonce qu'il a démâté après un empannage et un départ au surf au cours duquel le bateau a buté violemment dans la vague. À la surprise générale, il prend la décision de rester dans la course en continuant sous gréement de fortune.

20 décembre

Yves Parlier se remet en route, il avance à 7,20 nœuds.

21 décembre

Suite à sa collision avec un objet et à la rupture d'un de ses deux safrans, Javier Sanso décide d'abandonner, il fait route vers l'Australie. Les deux leaders (Desjoyeaux et Jourdain) ont déjà dépassé la longitude de cap Leewin au sud-ouest de l'Australie. Desjoyeaux n'a que 40 milles d'avance sur la distance parcourue par Christophe Auguin à la même époque.

22 décembre

Roland Jourdain prend les commandes de la course grâce au ralentissement de Michel Desjoyeaux dans une dorsale. Thomas Coville se luxe le pouce lors d'un départ en vrac de son bateau. Son moral est au plus bas.

23 décembre

Veillée de Noël. Chaque skipper a une vision différente de la fête. Certains se déguisent en pères Noël, d'autres sortent les bons petits plats ou décident de ne rien faire.

24 décembre

C'est la trêve de Noël, les conditions ne sont pas extrêmes malgré un vent soutenu en tête de la flotte. Les pilotes sont perturbés par le pôle magnétique et les skippers doivent être vigilants. Mike Golding s'arrête aux Kerguelen pour réparer son enrouleur et reprend la route aussitôt après.

25 décembre

Desjoyeaux et Jourdain s'offrent la mi-parcours pour Noël. Ils ont parcouru 11 948 milles, soit à peu près 21 500 kilomètres. Il leur en reste autant à parcourir. La longitude qui représente la moitié est 154° 55'. Michel Desjoyeaux est le premier à franchir cette ligne aux environs de 15 h 45, heure française. Ellen MacArthur prend la troisième place.

26 décembre

Thierry Dubois annonce qu'il doit s'arrêter en Nouvelle-Zélande à cause d'une panne d'alternateur et de la défaillance de sa batterie de servitude.

27 décembre

Les huit premiers bateaux s'étalent maintenant sur 1 000 milles. Yves Parlier nous fait part de sa décision de s'arrêter à l'île d'Auckland (sud de la Nouvelle-Zélande) pour trouver un mouillage abrité et améliorer son gréement de fortune avec les moyens du bord.

28 décembre

Michel Desjoyeaux, largement en tête, vient de franchir l'antiméridien. 5 700 milles séparent le premier, Michel Desjoyeaux, du dernier, le Russe Fedor Konyukhov. Le premier peloton de dix coureurs est enfin sorti de la zone de perturbations magnétiques.

29 décembre

Au sud de la Nouvelle-Zélande, une barrière sans vent orientée vers le sud-est barre la route des concurrents. Michel Desjoyeaux, le leader, est évidemment le premier à se heurter à ce mur et est considérablement ralenti depuis la veille. Pendant ce temps, Roland Jourdain, Ellen MacArthur, Marc Thiercelin ont encore un bon vent et en profitent pour réduire leur retard. « Bilou » a repris 116 milles, Ellen, 140 et Marc, 94 en vingt-quatre heures.

30 décembre

Patrice Carpentier, sur son 50 pieds, caracole dans le peloton des 60 pieds et maintient une très belle cadence. Dubois arrive à Bluff, en Nouvelle-Zélande.

31 décembre

Compte tenu de leur longitude, trois coureurs vont passer un double réveillon (Coville, Wavre et Chabaud). MacArthur est la plus au sud de la flotte et revient petit à petit sur les leaders.

1er janvier

Michel Desjoyeaux tire son épingle du jeu météo très complexe et continue de creuser l'écart.

2 janvier

Michel Desjoyeaux connaît des problèmes de démarreur, toute son équipe technique planche sur une solution. La course prend une nouvelle tournure. Thomas Coville n'a pas le moral, il est englué dans une zone sans vent. La température de l'eau autour de Jourdain et

MacArthur est très basse, les deux skippers gardent l'œil sur leurs radars.

3 janvier

Jourdain et MacArthur aperçoivent des icebergs et de nombreux growlers. Marc Thiercelin qui effectuait jusque-là une belle remontée décide alors de repartir plus au nord pour éviter le danger. Ellen reprend la deuxième place à Jourdain. Bernard Gallay et Patrice Carpentier sont dans des vents très légers depuis une dizaine de jours et peinent à s'en sortir.

4 janvier

Les quatre bateaux de tête sont vent arrière et enchaînent les empannages. Jourdain en profite pour reprendre la deuxième place. En remontant au nord, les icebergs disparaissent.

5 janvier

Roland Jourdain annonce qu'il avait arraché son rail de grand-voile le 16 décembre dernier, et qu'il est privé de génois. Michel Desjoyeaux réussit à démarrer son moteur grâce à un système ingénieux. Yves Parlier lui aussi joue au petit chimiste et tente de polymériser la résine qui lui permettra de stratifier ses manchons de mât. MacArthur redouble Jourdain.

6 janvier

Michel Desjoyeaux possède un système météo d'avance et continue d'accroître son gain de temps. Simone Bianchetti envisage de s'arrêter pour réparer une barre de flèche qui a cassé lors d'un empannage. Didier Munduteguy qui continue son aventure vient de sortir d'une période éprouvante de tempête.

7 janvier

Yves Parlier approche de l'île Stewart où il a décidé de s'arrêter et établir un programme précis de son séjour au mouillage et de sa réparation. À 990 milles du cap Horn, Michel Desjoyeaux compte 480 milles d'avance, ce qui représente à la vitesse actuelle une journée et demie de navigation.

8 janvier

La pétole continue de pénaliser une bonne partie de la flotte : T. Coville, M. Thiercelin, D. Wavre et C. Chabaud entre autres font des moyennes très basses. Yves Parlier est arrivé à l'île Stewart.

9 janvier

Michel Desjoyeaux est à 500 milles du cap Horn. Yves Parlier s'échoue.

10 janvier

Michel Desjoyeaux passe le cap Horn à 19 h 7 HF, il lui reste 7 114 milles à parcourir jusqu'aux Sables-d'Olonne. D. Munduteguy se prépare à entrer dans le Pacifique.

11 janvier

Simone Bianchetti se trouve sous le vent de l'île Stewart et répare sa barre de flèche. Yves Parlier remet son bateau à flot.

12 janvier

Ellen MacArthur est la deuxième de la flotte à passer le cap Horn à 19 h 53 HF. Une dépression accompagne le deuxième peloton de la course, les skippers se font plaisir sur de beaux et longs surfs. Marc Thiercelin se fait quelques frayeurs et casse toutes les lattes de grand-voile lors d'un départ à l'abattée.

13 janvier

Marc Thiercelin passe le Horn à 16 h 8 TU, suivi de Roland Jourdain quelques heures plus tard, vers 19 h 45 TU, qui mouille à l'abri de l'île Caleta Martial afin d'entamer la réparation de son rail de grand-voile et repart après dix-sept heures d'escale. Michel Desjoyeaux, dans la remontée vers le nord, vient de quitter le 50e parallèle. Lui aussi rencontre des conditions calmes. Le gros anticyclone, qui habituellement est centré au milieu de l'Atlantique Sud, est absent.

14 janvier

L'heure est au bricolage aussi pour Ellen MacArthur (gennaker déchiré et une drisse cassée) et Michel Desjoyeaux (lattes de grand-voile). Thomas Coville passe le Horn à 19 h TU.

15 janvier

Yves Parlier termine le manchonnage de son mât et se prépare au haubanage et au mâtage. L'opération est délicate.

16 janvier

Michel Desjoyeaux se fait rattraper par une bulle anticyclonique et, en vingt-quatre heures, Ellen MacArthur *(Kingfisher)* a repris 150 milles, Marc Thiercelin *(Active Wear)* 106 milles, Roland Jourdain *(Sill Matines La Potagère)* 151 milles et Thomas Coville *(Sodebo)* 184 milles. MacArthur tente une option ouest. C'est au tour de Dominique Wavre de passer le cap Horn. Les coureurs retrouvent le moral et la forme.

17 janvier

Yves Parlier quitte son mouillage de l'île Stewart. Le président Vladimir Poutine a envoyé ses vœux de réussite et de courage à Fedor Konyukhov.

18 janvier

L'anticyclone de Sainte-Hélène donne des insomnies aux navigateurs. Catherine Chabaud passe le cap Horn à 2 h 30 TU.

19 janvier

MacArthur toujours à l'ouest continue de grignoter des milles sur le leader. Raphaël Dinelli, qui est reparti du Cap, attend Yves Parlier qui vient de terminer sa réparation à l'île Stewart et réussit à le filmer. Didier Munduteguy est au sud de la Nouvelle-Zélande, à mi-parcours. Mike Golding continue sa remontée spectaculaire. Il vient de doubler Bernard Gallay et Patrice Carpentier. Javier Sanso, après huit jours d'escale en Australie pour réparation, est reparti, hors course, vers Les Sables-d'Olonne. Josh Hall passe le cap Horn à 20 h 10 TU.

20 janvier

Mike Golding, dont le dessalinisateur est en panne, réussit à stocker plusieurs litres d'eau de pluie providentielle. Fedor Konyukhov subit un très mauvais temps. Il a des difficultés avec son pilote et sa grand-voile est déchirée. Javier Sanso connaît à nouveau des problèmes. Sa cadène de solent s'est arrachée du pont. Cette avarie oblige le skipper espagnol à revenir à Freemantle pour réparer.

21 janvier

Mike Golding passe le cap Horn.

22 janvier

Les deux leaders, Michel Desjoyeaux, qui est fortement ralenti, et Ellen MacArthur, ne sont plus qu'à 70 milles d'écart.

23 janvier

Michel Desjoyeaux ne compte plus qu'un degré de latitude d'avance sur Ellen MacArthur. Marc Thiercelin et Roland Jourdain se sont décalés dans l'ouest pour contourner les calmes. Yves Parlier commence à se rationner. Patrice Carpentier et Bernard Gallay ont passé le cap Horn.

24 janvier

Michel Desjoyeaux *(PRB)* et Ellen MacArthur *(Kingfisher)* ont finalement réussi à s'extraire des bras de l'anticyclone de Sainte-Hélène. Les quatre autres poursuivants répartis en deux groupes de deux (Marc Thiercelin / Roland Jourdain et Dominique Wavre / Thomas Coville) se débattent encore dans différentes bulles anticycloniques. José Seeten a franchi le cap Horn à 4 h 35 TU.

25 janvier

Michel Desjoyeaux vient de passer sous la barre des 4 000 milles, distance le séparant encore des Sables-d'Olonne.

26 janvier

La stratégie du jour pour les bateaux de tête est de déterminer à quel endroit le pot au noir est le plus étroit et le moins actif et de viser ce point de façon à effectuer un passage le plus rapide possible.

27 janvier

En parcourant pratiquement 300 milles par jour, les deux bateaux de tête gagnent quotidiennement cinq degrés de latitude. Comme Thomas Coville *(Sodebo)* et Dominique Wavre *(Union Bancaire Privée)*, Roland Jourdain tente une option ouest.

28 janvier

Michel Desjoyeaux est ralenti dans le pot au noir, les deux leaders se bagarrent au coude à coude. Wavre et Thomas Coville continuent de jouer de malchance.

29 janvier

Ellen MacArthur réussit à prendre la tête de la course avec 3 milles d'avance. Après avoir doublé Y. Parlier dans l'océan Indien, M. Desjoyeaux avait réussi à garder le leadership, excepté deux jours au moment de Noël où Jourdain avait réussi à le doubler. M. Thiercelin et R. Jourdain eux aussi reviennent très vite. La tension reste très forte entre les poursuivants.

30 janvier

M. Desjoyeaux reprend les commandes grâce à une option plus ouest que *Kingfisher* qui lui permet de toucher l'alizé de nord-est en premier et de redémarrer plus tôt. B. Gallay, Carpentier et Seeten subissent une très forte dépression avec des vents de 60 nœuds. Yves Parlier continue sa route vers le cap Horn et essaie de pêcher.

31 janvier

Marc Thiercelin a du mal à se dégager des calmes du pot au noir ; par contre, Jourdain touche enfin un petit vent qui semble bien établi. Catherine Chabaud se débat dans de gros grains.

1er février

Roland Jourdain prend la troisième place à Marc Thiercelin.

2 février

Ellen MacArthur heurte un container qui détruit sa dérive bâbord et abîme son safran bâbord. Jourdain continue de creuser l'écart avec Marc Thiercelin grâce aux dividendes de son option ouest. Simone Bianchetti passe le cap Horn.

3 février

Les deux bateaux de tête sont au près dans l'alizé dans une relative tranquillité. Thiercelin souffre de la remontée avec son bateau plutôt typé pour les allures portantes. Josh Hall est en régate contre Mike Golding qui continue sa formidable remontée. Bernard Gallay vient de toucher les vents de l'anticyclone de Sainte-Hélène.

4 février

La dorsale à franchir va être décisive pour les deux leaders. Michel Desjoyeaux, le plus au nord, est le premier à souffrir de l'essoufflement de l'alizé, il passe sous la barre des 2 000 milles. Ellen se rapproche une nouvelle fois dangereusement. Catherine Chabaud effectue une belle remontée, elle n'est plus qu'à 400 milles de Dominique Wavre.

5 février

PRB attrape enfin les vents d'ouest de l'anticyclone des Açores. M. Thiercelin touche l'alizé et peut faire un meilleur cap. Yves Parlier se rationne sérieusement.

6 février

Coville et Wavre sont enfin sortis des calmes du pot au noir. Y. Parlier passe le cap Horn à 20 h 37.

7 février

M. Desjoyeaux est à 1 000 milles de l'arrivée. Les concurrents doivent affronter une grosse mer de travers. M. Thiercelin tente une option en contournant l'anticyclone et essaie de revenir sur Jourdain. Wavre est au bord à bord avec T. Coville. Josh Hall est au ras des côtes du Brésil. Pasquale De Gregorio est pris dans du très mauvais temps, les rafales atteignent 70 nœuds. Ellen MacArthur casse son étai de génois.

9 février

Bien que tout le monde se prépare à accueillir comme il le mérite Michel Desjoyeaux, la course n'est pas finie. Deux marins, Didier Munduteguy et Pasquale De Gregorio, sont encore dans le Pacifique Sud et s'approchent rapidement du cap Horn. Le reste de la flotte est disséminé dans l'Atlantique Nord et Sud.

10 février

Victoire de Michel Desjoyeaux. Il franchit la ligne d'arrivée à 20 h 8 min 32 s. Il détient désormais le record en quatre-vingt-treize jours, trois heures, cinquante-sept minutes et trente-deux secondes et devient le premier homme au monde à réaliser un tour du monde en solitaire en moins de cent jours. Le skipper finistérien bat le record détenu par Christophe Auguin (cent cinq jours vingt heures trente et une minutes et vingt-trois secondes) depuis 1997 de douze jours et seize heures trente-trois minutes et cinquante et une secondes.

La même journée, le skipper basque Didier Munduteguy franchit le cap Horn.

11 février

Après quatre-vingt-quatorze jours, quatre heures, vingt-cinq minutes et quarante secondes en mer, Ellen MacArthur termine son premier tour du monde en deuxième place. À vingt-quatre ans, la jeune Britannique est la première femme à effectuer un tour du monde en solitaire et sans escale en moins de cent jours.

13 février

Le podium du Vendée Globe est complet : Roland Jourdain a franchi la ligne d'arrivée à 17 h, 13 min et 33 s.

20 février

Arrivée de Marc Thiercelin. Marc partait pour la victoire et, après une remontée de l'Atlantique qui lui a paru sans fin, il décroche la quatrième place.

À 1 h 30 TU, au large du cap Finisterre, *Whirlpool* démâte. Catherine ne peut construire un gréement de fortune et, deux heures trente plus tard, elle décide d'abandonner la course. À 200 milles de Vigo, elle démarre son moteur et fait route vers la terre la plus proche.

21 février

Simone Bianchetti entre dans l'hémisphère Nord à 6 h TU. La veille, elle fêtait ses trente-deux ans.

Les prochains bateaux attendus aux Sables, *Union Bancaire Privée* et *Sodebo*, sont immobilisés dans le golfe de Gascogne. Difficile de donner une ETA.

24 février

Aquitaine Innovations était à 50 milles de Recife (ville la plus orientale du Brésil). Le pot au noir, qui n'est pas très actif, ralentira très peu le bateau.

26 février

Aquitaine Innovations franchit l'équateur à 11 h 20 (heure française) après avoir bien négocié l'anticyclone de Sainte-Hélène en longeant les côtes brésiliennes.

28 février

Bonne pêche de poissons volants, soit pas moins de vingt. En tout, c'est une cinquantaine de poissons volants qu'Yves Parlier récupérera sur son pont. Pour cela, il éclaire la nuit sa grand-voile pour les attirer et installe une barrière tout le long du pont pour éviter qu'ils repartent à l'eau en utilisant les lattes et les morceaux restants de son mât.

3 mars

L'anticyclone des Açores bien installé barre la route d'*Aquitaine Innovations* qui prend une option ouest. Yves Parlier s'écarte de la route directe, mais il doit trouver un compromis entre une vitesse correcte et des milles supplémentaires.

11 mars

Yves Parlier profite des derniers instants de navigation avec *Aquitaine Innovations*, qui sera vendu après le Vendée Globe pour démarrer le projet multicoque « Gerris ».

16 mars

Aquitaine Innovations a franchi la ligne à 15 h 47 le vendredi 16 mars. Après cent vingt-six jours vingt-trois heures trente-six minutes de mer, Yves Parlier est heureux de finir « cette boucle avec son grand oiseau bleu ».

Au passage de la ligne, il explose de joie en enlaçant son mât pour l'embrasser.

Glossaire

LE BATEAU ET SON ÉQUIPEMENT

Bâbord : côté gauche en regardant l'avant du bateau.

Tribord : côté droit en regardant l'avant du bateau.

Allure : direction que suit le bateau par rapport à celle du vent.

Amure : côté du bateau qui reçoit le vent; on peut être tribord amure (le vent vient de la droite) ou bâbord amure (le vent vient de la gauche).

Accastillage : ensemble des accessoires de pont.

Gréement : ensemble de la mâture, des haubans et des cordages d'un voilier.

Bôme : longue pièce mobile accrochée au mât, sur laquelle sont fixées la base de la grand-voile ainsi que son écoute.

Hauban : câble qui maintient le mât du bateau par le travers.

Étai : câble qui maintient le mât du bateau vers l'avant.

Mât aile : mât profilé de section aérodynamique en forme d'aile d'avion. On l'oriente en direction de la fonction du vent.

Carène : coque d'un navire en dessous de la ligne de flottaison.

Guindant : bord d'une voile.

Quille : aileron vertical fixe qui a une fonction anti dérive et qui est lesté pour diminuer la gîte et empêcher le bateau de chavirer. La quille est composée du voile et du bulbe.

Winch : petit treuil de pont en forme de cylindre, muni d'un cliquet l'empêchant de tourner en sens inverse, et d'une manivelle, qui sert à étarquer un cordage avec moins d'effort et plus efficacement qu'à la main.

Drisse : cordage servant à hisser une voile.

Écoute : cordage servant à orienter une voile.

Transfilage : système de liaison avec un petit cordage qui fait plusieurs tours sur lui-même pour fixer, par exemple, les haubans.

Barre : commande du gouvernail. Elle peut être franche (simple manche) comme sur *Aquitaine Innovations*, ou à roue.

Safran : partie profilée du gouvernail qui se trouve dans l'eau.

Compas : nom marin de la boussole.

Nœud : unité de vitesse : 1 nœud = 1 mille/heure, soit 1 852 mètres.

Pieds : unité de longueur : 0,3048 mètre. Un 60 pieds, c'est 18,28 mètres.

Barre de flèche : pièce horizontale destinée à écarter les haubans du mât. La taille des mâts des voiliers du Vendée Globe nécessite plusieurs « étages de barres de flèche ». Le mât aile d'*Aquitaine Innovations* ne comporte qu'une seule paire de barres de flèche de 6 mètres chacune qui partent du pied de mât.

LES MANŒUVRES

Affaler : rentrer la voile.

Abattre : le barreur tire la barre vers lui pour que l'avant du bateau s'éloigne de la direction du vent.

Partir à l'abattée : une abattée entraîne un empannage involontaire.

Partir au lof : le bateau, au portant, remonte dans le vent et se couche.

Gîte : l'inclination d'un bateau sur le côté.

Lofer : venir à un cap plus rapproché de la direction d'où souffle le vent.

Départ au tas : se faire coucher sur l'eau.

Au taquet : à donf'.

Empanner : changer d'amure en passant par le vent arrière ; manœuvre assez délicate car la grand-voile a tendance à passer de l'autre côté brutalement, ou le spi à s'emmêler.

Tirer un bord : parcourir une certaine distance sous la même allure.

Virer de bord : changer d'amure en passant face au vent.

Manque à virer : rater son virement de bord.

Bâbord amure : quand le vent vient de la gauche.

Embouquer : quitter la mer pour entrer dans un chenal.

Grand largue : allure de descente avec le vent à 150° de sa direction.

Chaussette : long fourreau de tissu (25 mètres sur *Aquitaine Innovations*) que l'on descend pour étouffer le spi en partant de la têtière, et qui facilite son affalage.

Bras de spi : cordage qui maintient le point d'amure du spi sur le bout-dehors.

Choquer les voiles : écarter la voile de l'axe du bateau en donnant du mou à l'écoute.

Fardage : traînée aérodynamique d'un élément, ou d'une partie du bateau.

LES VOILES

La trinquette : voile avant située en deuxième position à partir de l'avant et endraillée sur un étai de trinquette (ou étai intermédiaire).

Gennaker : voile d'avant triangulaire de grande surface montée sur emmagasineur. Intermédiaire entre le spi et le génois.

Spi : voile d'avant de grande surface (340 m^2 sur *Aquitaine Innovations*) en tissu léger.

Tourmentin : très petite voile de tempête.

Surtoiler : porter trop de toile par rapport au vent qui souffle.

Génois : grand foc recouvrant en partie la grand-voile.

Grand-voile : voile principale établie en arrière du mât.

Allures portantes : quand le bateau va dans le sens du vent.

LE VENT ET LA MÉTÉO

Pétole : absence de vent.

Le dévent : la zone perturbée sous le vent d'un élément quelconque.

Vent apparent : vent réel additionné au vent dû à la vitesse du bateau.

Vent debout : quand le bateau est face au vent.

Vent arrière : quand le bateau va dans le sens du vent.

Le vent adonne : l'angle entre la direction du vent et celle du bateau augmente. À l'inverse, le vent refuse.

Anticyclone : zone de hautes pressions dans laquelle le vent est faible, voire totalement absent.

Dépression : zone de basses pressions où en général règnent des vents forts, voire de tempête.

Force de Coriolis : dévie la trajectoire des corps en mouvement, vers la droite dans l'hémisphère Nord, vers la gauche dans l'hémisphère Sud. En conséquence, dans l'hémisphère Nord, les vents tournent dans le sens des aiguilles d'une montre autour des anticyclones.

Jumar : système mécanique pour s'aider à remonter le long d'une corde. Utilisé habituellement par les spéléologues et les alpinistes.

Fichiers météo, ou fichiers Grib : cartes vectorielles de la force et de la direction du vent sur plusieurs jours avec plusieurs échéances par jour qui servent, entre autres, de données numériques d'entrées à l'ordinateur pour le programme de routage.

SYSTÈMES DE COMMUNICATION

Inmarsat-B premier : service numérique permettant de transmettre des communications voix, données et images à un débit pouvant atteindre 64 kbit/s.

En liaison avec cette antenne, la société Seastem a installé le système de transmission d'images vidéo (cette société a équipé tous les bateaux de The Race)

Inmarsat-C : service de messagerie bilatérale permettant d'échanger des messages écrits avec des télex, Minitels, télécopieurs, ordinateurs situés à terre et avec d'autres mobiles Inmarsat.

Inmarsat-Phone (mini M) : service permettant des communications voix, fax, données, pour télécharger les données météo par exemple. Yves Parlier avait aussi embarqué, grâce au concours de France Telecom, un mini-M portable ayant les mêmes fonctions que l'Inmarsat Phone et dont il s'est servi après son démâtage.

La BLU toujours obligatoire à bord n'a pas servi sur le Vendée Globe. C'est, en fait, une radio émettrice.

La VHF permet de communiquer avec les autres navires en mer se trouvant à proximité du bateau.

Skipper : responsable, capitaine, sur un bateau à voiles. Seul maître à bord après Dieu...

ETA : *estimate time arrival.* Date prévue d'arrivée.

CV nautique d'Yves Parlier

Installé à Arcachon, Yves Parlier, quarante ans le 14 novembre 2000, est père de deux enfants. Il est ingénieur en matériaux composites.

Sa passion pour la voile l'a conduit à en faire son métier. Ainsi, Yves Parlier s'affirme aujourd'hui comme l'un des skippers les plus doués de sa génération dans la course au large par ses qualités d'homme, de marin, de technicien et par sa bonne connaissance de la météo.

SON PALMARÈS EN MONOCOQUE

1999 1er de la Course de l'Europe en équipage

1998 1er de la Route de l'Or en équipage

Recordman de l'épreuve en 57 j et 3 h 21 min 45 s

1997 1er de la transat Jacques Vabre avec Éric Tabarly

1996 / 1997 Vendée Globe

1994 1er de la Route du Rhum en monocoque, 3e au classement général

1993 1er de la Route du Café

Recordman de l'épreuve en 18 j et 23 h 21 min 38 s

1992 / 1993 4e dans le Vendée Globe

1992 1er de l'Europe 1 Star / transat anglaise

Recordman de l'épreuve en 14 j et 6 h 1 min 30 s
1991 1er de la solitaire du *Figaro*
1985 1er de la minitransat Brest / Pointe-à-Pitre
Recordman de l'épreuve en 31 j et 20 h 37 min 15 s

Expert en météo

Son talent dans l'analyse des phénomènes météorologiques lui a valu le surnom de « l'extraterrestre ». Ce sont, en effet, ses options météo qui lui ont souvent permis un gain de temps significatif sur les autres concurrents et qui l'ont mené à la victoire : notamment lors de la solitaire du *Figaro* en 1991 et lors de la Route du Rhum en 1994.

Le plus expérimenté du Vendée Globe du plateau des 60 pieds

Yves Parlier cumule son expérience de la compétition et des courses au large. Il est le seul en 60 pieds à prendre le départ de ce tour du monde pour la troisième fois et le seul à recourir avec le même bateau que lors de la dernière édition en 1996 / 1997 (hors améliorations et mise à la jauge).

Technicien reconnu

Yves Parlier est, à l'image d'Éric Tabarly, un skipper qui a beaucoup fait avancer la voile de haut niveau. Il est à la fois à l'origine de nouvelles solutions efficaces, mât et enrouleur de génois en carbone, mât-aile pour les monocoques... et capable de faire une intervention majeure sur son bateau lors d'un tour du monde pour réparer un point critique.

Remerciements

À mes partenaires :

Le conseil régional d'Aquitaine, en particulier Alain Rousset et Jacques Valade, la ville d'Arcachon, Le journal *Sud-Ouest*, France Télécom, EDF en Aquitaine, CEA Cesta, La Mutuelle Ociane, Colas Sud-Ouest, Damart.

À mes supporters officiels

Air France, Botalo, Groupe Accor Lac, Imprimerie Delteil, La Taverne du pêcheur, mairie d'Orsay, mairie de Talence, Renault, Retec.

Aux fournisseurs

Abatilles, Aggelos, Agostini, Antipode, Aquitaine Accastillage, Atlantel, B2 Marine, Boero, CAPS, Cathe-rineau, Chien Noir, Composites Aquitaine – Sogerma, CTA, Défi Aquitaine autour du monde, Thierry Éluère, Epsilon Composites, Eurospi Communication, Gréement Import, IBM, ID Fruit Plus, Informatique et mer, Laboratoire IXL / ENSEIRB, L'Autre Conseil, L'Électrolyse, Le Groupe Finot, lycée des métiers de la Mer, Musto, MT Nautic, NDT Expert, Nanni Diesel, Nature et Liberté, Océa, Onidol Diester, Profil Composites, Pitcairn, Santa SA, Sape, Seastem, Star Voiles, Techniques électriques avancées, Twin, Voyager, Windsat.

Aux marraines du bateau

Tita Valade, Élise Lucet.

ROBINSON DES MERS

À ma femme Isabelle et à ma famille.

À mon équipe :

Agathe, Alain, Béatrice, Bruno, Christophe, Frédéric, Hervé, Jean-Marc, Karine, Laurence, Laurent, Michel, Robert, Richard Romaric, Sabrina, Stéphane...

Et toutes les personnes qui m'ont aidé de près ou de loin dans mes projets.

Yves PARLIER

AQUITAINE INNOVATIONS

TABLE

Cet ouvrage a été réalisé par

FIRMIN DIDOT
GROUPE CPI

Mesnil-sur-l'Estrée

pour le compte des Éditions Laffont
en mai 2001

Imprimé en France
Dépôt légal : juin 2001
N° d'édition : 41825 – N° d'impression : 55600